AF192130

KISS LORETTA

Monogám romantika

83 vers a szivárvány alatt

novum pro

Ez a **könyv**
e-könyvként
is elérhető

w w w . n o v u m p u b l i s h i n g . h u

ISBN 978-3-99146-121-0
Lektor: Sósné Karácsonyi Mária
Borítókép: Pstedrak | Dreamstime.com
Borító, tördelés & nyomda:
novum publishing

www.novumpublishing.hu

Climate neutral
Print product
ClimatePartner.com/16547-2201-1002

Natnak ajánlom

TARTALOM

Első szerelem

VALAKI KÜLÖNLEGES

NEM SZERETNI TÉGED

Már képes vagyok nem szeretni téged,
Elhinni, hogy nélküled is lehet még élet,
Már nem vágyom vissza az érintésedhez,
Már nem akarok választ az üzenetekre.

Már tudom, hogy nincs többé visszaút,
Mindkét lélek így magányosan boldogul,
Azt mondtad, nincs tovább, ennyi volt,
Ne üldözzük tovább a boldogságot...

Azt írtad, bonyolultak vagyunk mindketten,
S hiába éreztünk villámcsapást hirtelen,
Neked ez az egész semmit sem jelentett.
S ha így van, nincs már értelme semminek.

Én még mindig igent mondanék mindenre,
Amit veled élhetnék át a közeli jövőben,
De tudom, hogy senki mást, őt szereted,
És én nem osztozom rajtad senkivel...

Én nem hittem, hogy valaha rád találok,
De már tudom, ez nem áldás, csak átok,
Mert jelenthetted volna ezentúl a világot,
De mára azt hiszem, semmit sem bánok.

Már nem akarok választ az üzeneteidre,
Többé nem kellenek az érintések sem,
Elhittem, hogy nélküled is lehet még élet,
S már képes vagyok nem szeretni téged.

Budapest, 2022. november 8.

NEM IS VELEM

Mintha nem is velem történt volna,
Kívülről néztem csak önmagam,
S nem vettem komolyan a találkozást,
Pedig az egész életem megváltoztatta.

Hogy mit érzek, magam sem tudtam,
És mire szeretni akartalak volna,
És elfogadni, amit nekem adhatsz,
A vágyaimmal egyedül hagytál...

Nem is tudod, hogy még visszavárlak,
Mert az üzeneteket el sem olvastad.
Azt, hogy működne, te is kimondtad...
Ha engednéd, lehetne miénk a boldogság.

Budapest, 2022. október 31.

AZ ÁTOK

Körülöttem a világ fortyog,
Nekem mégiscsak az fáj,
Állva a régi világ tornácán,
Hogy mennyire hiányzol.

Néz rám a koszos koldus,
Aki tőlem vár megváltást,
Nem tudja, hogy nem látom,
Mert csak terád gondolok.

A szomszédban a háború,
Jönnek még mindig az árvák,
De én csak tudni akarom,
Hogy te mit érzel, drága...

Beborít mindent a szánalom,
E világból menekülni vágyom,
Mert utolért megint az átok,
Ha én neked nem hiányzom...

Budapest, 2022. október 30.

KÖNYÖRÜLJ!

A mosoly szívemben könnyekké feszül.
Dolgozom, de lelkem közönybe menekül.
Elmém a fájdalomba szép lassan beleőrül.
Nélküled az élet minden színe beszürkült.
Azt érzem, csak meghalni volna oly könnyű.
Nagyon hiányzol, drága, kérlek, könyörülj!

Budapest, 2022. október 25.

EGY ŐSZINTE NYOLCSOROS

Minden szép érzés feláldozva immár
A gyávaság és a félelem véres oltárán.
Benned legyőzte a vágyat a józan ész,
S én a fájdalomtól nem láttalak téged.
De már mindent érteni vélek, s ez elég,
Csak az bánt, hogy túl késő az eszmélés.
Bár odaveszett minden gyönyörű pillanat,
Őszintén hiszem, nyílik még egy tiszta lap.

Budapest, 2022. október 18.

BÚCSÚ HELYETT

Még fel sem fogtam, hogy létezel,
Te máris végigperzselted a szívemet.
Vissza akarnám kapni, de nem lehet,
Többé nem jöhet tőled sem üzenet.

Gyógyírként kaptam minden csókodat,
S új reményt adott minden drága pillanat,
De mindent elrontottam, nincs vigasz,
Közel vagy, de sosem voltál távolabb.

Érintéseddel felébresztetted a lelkemet,
A világot újrahangoltad a nevetéseddel,
Túl szép voltál ahhoz, hogy igaz legyél,
Az élet – mint tudjuk – nem egy lányregény.

A régi lét csak múlik, telik napra a nap,
És én még mindig érzem az illatodat,
A keserédes emlékek megrohannak,
De nem te voltál, kit nekem megírtak.

Többé nem jöhet tőled sem üzenet,
Vissza akarlak kapni, de nem lehet,
Jöttél és végigperzselted a szívemet,
Pedig fel sem fogtam, hogy létezhetsz.

Budapest, 2022. október 9.

EGY MEG NEM ÉRDEMELT DAL

Nem írtam neked dalt, amíg érdemelted volna,
Most mégis teutánad sír minden egyes sóhaj,
Hiányzik az érintésed, minden édes csókod,
Magam sem hittem el, hogy lehet mindez igaz.

Féltem attól, hogy a kelleténél jobban szeretlek,
Hogy feláldoznám neked az egész életemet,
Elfogadva minden szabályt és átkozott hitet,
Szolgáltak volna téged, egyetlen szerelmem.

Emlékek... folyton csak te jársz a fejemben,
Újraélek képzeletben minden egyes percet,
Minden drága hangot, mosolyt, édes nevetést,
Az utolsó mondatod, hogy köszönsz mindent.

Talán csupán a vágy játszik még mindig velem,
Talán a mindent elsöprő szerelemmel keverem,
Talán joggal hiszem, hogy nem volt véletlen...
Mondd, kedves, hogyan éljek tovább nélküled?

És te meg sem értenéd, amikor neked énekelek,
Közénk áll egy világ és minden múltbéli sérelem,
Mi vagyok én hozzád képest? Csak egy kísértet,
Aki miattad végre megélte és kimutatta az érzéseit.

Az arcod, a végtelen ég csillogása a szemedben,
Az érzés, ami egyre csak növekedett a szívemben,
Csak álom volt, igaz? Mert te valódi nem lehetsz.
Olyan gyönyörű vagy, tudod? Olyan különleges...

Magam sem hittem el, hogy mindez igaz lehet,
De most hiányzik édes csókod, az érintésed,
Mert mégis teutánad sír minden egyes sóhaj...
Miért nem írtam neked dalt, míg érdemelted volna?

Budapest, 2022. szeptember 26.

EGY KALAND MARGÓJÁRA

Messziről jöttél, és én el akartam veszni benned,
Még sohasem éreztem magam ennyire szépnek,
Tetszett, hogy tudtad, hogy csak engem akarsz,
Pedig közben minden azt súgta, hogy ne maradjak.

De amikor megcsókoltál, már nem volt menekvés,
Csak te jártál a fejemben, behúzott az örvény...
Azt ígérted, működni fog, mert megbeszéljük,
S én nem láttam semmi mást szemed kék tüzétől.

Az érintésed hirtelen a Mennyországba röpített,
De amikor elmentél, megváltoztak az érzések,
Magányosnak és elveszettnek láttam magam,
Már akkor tudtam, hogy valami nagy baj van.

Őszintén elmondtam, hogy én mit szeretnék,
Hogy a csókok ne legyenek, csak szép emlék,
De te nem tartottad be a saját szabályaidat,
És így elveszett mára minden édes pillanat.

Azt mondtad, bonyolultak vagyunk mindketten,
És a szép érzések nem jönnek vissza sosem,
Engedjük el, térjünk vissza a hétköznapokba.
Te megírtad, én nem tiltakoztam, csak elfogadtam.

Mindent köszönök neked, ami gyönyörű volt,
És nagyon sajnálok mindent, ami közben elromlott.
Talán jó lett volna személyesen beszélni még,
De felesleges már, mert nincsen semmi remény.

Tisztellek téged és már végre magamat is annyira,
Hogy nem könyörgök annak, aki meg sem hallja.
Túl szép volt ahhoz, hogy igaz legyen, tudtam én,
De jól mutatsz majd az emlékek polcának közepén...

Hiába súgta minden azt, hogy ne maradjak,
Tetszett, hogy tudtad, hogy csak engem akarsz,
Még sohasem éreztem magam ennyire szépnek,
Messziről jöttél, és én el tudtam veszni benned...

Budapest, 2022. szeptember 18.

EGY ÚJ ÉRZÉS

UTÓLAG, DE SZÍVBŐL

Nem küldtem neked üzenetet,
Már nem volt hozzá merszem,
Eleget küzdöttem már érted,
Most mégis megénekellek.

Isten éltessen téged sokáig,
Elképzelem, milyen lenne látni,
A te napodon szorosan ölelni,
És hogy mosolyogj, meglepni.

Utólag, de szívből köszöntelek,
Hogy jól vagy-e, csak félve kérdem,
Mert hinnem kell, hogy jól, igen,
Ahhoz, hogy létezni képes legyek.

Még mindig szoktam veled álmodni,
Nem akarok mást, csak újra beszélni,
Tudni rólad, ha örülsz, veled örülni,
És ha sírsz, a könnyeid felszárítani.

Látod, még ma is neked énekelek,
Néha még elhiszem, küzdhetek érted,
De már nincs hozzá elég merszem,
Így többé nem küldök üzenetet...

Budapest, 2022. október 6-9.

MINTHA TE NEM IS LÉTEZNÉL

A telefonról törölve minden üzenet és fénykép,
Mintha nem is léteznél...
Bárcsak ilyen egyszerű lenne a hónapokat kitépni,
A darabokat összeilleszteni.

De agyamban ma és mindig a mosolyod ragyog,
Fülemben hangod duruzsol,
A szemedben megláttam végre önmagamat,
Mert tudod, te vagy az...

Bűntudattal terhelten könyörögtem bocsánatért,
Magamat hibáztattam mindenért,
Pedig én mindvégig őszinte voltam hozzád,
De te mégis eltaszítottál.

Majd' két évig hittem, ha elég kitartó leszek,
Ki tudlak majd engesztelni,
És még most is erről próbálom magam meggyőzni,
Mert csak rád van szükségem.

Te vagy és leszel a vágyam, a mindenem adnám,
Ha végre válaszra méltatnál.
Csak az tartott életben, hogy még láthatlak egyszer,
De mára mindez reménytelen.

A sors a legnagyobb szükség idején terelt felém,
Mint egy igazi tündérmesében,
De gyorsan eljátszottuk a sosem-volt boldogságot,
Így az élet rémálommá változott.

Gyűlölnöm kellene téged, de még mindig szeretlek,
Nélküled annyira üres lettem,
Pedig a telefonról törölve minden üzenet és fénykép,
Mintha te nem is léteznél...

Budapest, 2022. augusztus 17.

BÜSZKE VAGYOK RÁD

Mert kiálltál magadért, és értem is, ha kellett,
Mert mentél és megvalósítottad az álmaidat,
Hogy visszatartsalak, egy percig sem engedted...

Mert dacoltál egyedül az egész világgal,
Mert bár nem akartál, mégis oly közel jöttél,
Végül te mutattad meg, merre kell tartanom...

Mert hiszem, hogy boldog vagy és leszel,
Mert lobog benned végtelen erő és akarat,
Legyőzöl majd sorban minden előítéletet.

Büszke vagyok, hogy az életed része lehettem,
A szívembe örökre belevéste a vágy a nevedet.

És én még mindig hiszem, hogy visszatalálsz,
Addig is dolgozom, hogy büszke lehess rám...

Budapest, 2022. július 23-24.

UTOLSÓ SZONETT

Elfogadom a könnyel átázott valóságot,
Kedves, nem kereshetlek már tovább.
Te kimondtad könnyen, nem hezitáltál,
Rólam egyetlen perc alatt lemondtál.

Mikor rád a leginkább szükségem volt,
Magamra te mégis akkor hagytál,
Többé sosem lesz már megbocsátás,
Nem hagytad, hogy igazán fontossá válj.

Túl sok idő telt el, már hiába is találnálak meg,
Talán el sem hinném, hogy valaha érdekeltelek.
Sajnálom, hogy ajkad nem csókolhattam sosem,
Legalább csak széttépted, nem égetted a szívemet.

Örökre szemembe karcoltad az első mosolyod,
És égkék tekinteted, mi egészen lelkemig hatolt,
Miattad elhiszem, meglelhetem a boldogságom.

Hibáztam, tudom, de mindent ugyanígy tennék,
A bűnöm az volt, hogy hittem, boldogok lennénk,
De hiába minden, te sosem adsz már új esélyt.

Nem bánom, hogy szerettelek, hogy vártalak,
Ennyivel még tartoztam neked és magamnak.
Már az a dolgom, hogy az igazságért harcoljak.

Budapest, 2022. január 16.

KEGYELMEZZ!

A pokol tornácán, kínköves kínban égve
Kiáltok hozzád, kegyelmezz!
Nem lehet kibírni, hogy nem talállak meg,
S már tudom, hogy te előre tudtad ezt...

Az őrület határán, saját könnyemben ázva
Üvöltöm a neved, irgalmazz!
Lassan belebolondulok, annyira hiányzol,
Csak mondd, mit tegyek, hogy láthassalak?!

A fájdalomtól a padlón félholtan fetrengve
Könyörgöm, hallgass meg!
Mondd, hogy tudod ezt tenni velem?
A szívem megszakad, hisz' szeretlek.

Az őrület határán, saját könnyemben ázva
Sikítom a neved, irgalmazz!
Várom, hogy elégessen a csókod lángja,
S egyetlen ölelésed új életre támasszon...

A pokol tornácán kínköves kínban égve
Már csak suttogom, kegyelmezz!
Erőm fogytán, többé nem kereslek,
S ha meghalok, átkom majd rád lehel.

Budapest, 2022. január 8.

NEKED

Magaddal vitted a színeket,
Nem maradt itt, csak a kék,
Magaddal vitted a fényt,
Nem maradt, csak a sötét.
Azóta nincsen többé csillagos ég,
Magam vagyok a semmi közepén.

Budapest, 2021. december 13.

ÉG VELED!

Ég veled végre ki tudom mondani,
Bár a szívem épp meg akar szakadni,
Mert fülemben nevetésed visszhangzik,
És szememben még tekinteted látszódik,
De miközben rád várok, az élet elviharzik.
Ne félj, nem feledlek el, a szív örökké emlékszik
És örökké vár, ha egyszer megszeretett valakit.
Én mondtam azt, várok rád egészen addig, amíg
El nem küldesz, de te a lelkemet tépted ki,
És én azóta kereslek, nem tudlak elengedni.
Látod, én nem tudtam az ígéretem tartani,
Nem voltam képes a döntésed elfogadni.

Ég veled végre ki akarom mondani,
Pedig a szívem épp meg akar szakadni,
Menni kell tovább, mit adtál, megköszönni.
Jobb volna-e, ha nem ismernélek, elmerengni,
Hogy a fájdalomnak volt értelme, mégis elhinni,
Hiszen olyan nehéz a viharban lelki társat találni,
S ha úgy hiszed, rátaláltál, soha el nem engedni,
S ha elküld, akkor sem feladni, tovább küzdeni,
És mivel mindennél jobban tudnálak szeretni,
Érted képes lennék ölni is vagy meghalni,
Neked sosem lenne elég, amit tudnék adni,
Így képes vagyok a döntésed elfogadni.

Ég veled hallod, végre kimondtam,
De nevedre szívem még nagyot dobban,
És egyetlen szavadra rohannék hozzád,
Mégis, ma búcsút intek végleg a bánatnak,
El kell hinnem, hogy veled minden rendben.
Bármit megadnék egyetlenegy üzenetért tőled,
A válaszban is a bocsánatodért könyörögnék
És elhinném, hogy egyszer még visszatérsz,
Hogy ölelésedben új életre ébresztesz,
Visszanézve csak nevetünk az egészen,
Már tudom, így sosem szabad szeretni,
Egyetlen lapra az életedet tenni.

Ég veled hát tényleg kimondtam,
De azért még reménykedem csak titokban,
És sosem tudod meg, hogy az igazat mondtam,
Hogy a boldogságodért a mindent adtam volna,
Hogy meg akartalak védeni a kegyetlen világtól,
A Mennyekbe repültem volna egyetlen csókodtól,
Tündérmese lett volna a jóban-rosszban veled,
De úgy döntöttél, hogy nem érdemellek meg,
Mondtad, valakinek én leszek a tökéletes.
Azt sajnálom, hogy nem neked lehettem.
Kívánom, valakinek te is az lehess,
Én elengedlek, nagyon szeretlek.

Budapest, 2021. november 24.

VANNAK NAPOK...

Vannak napok, mikor ennél is jobban hiányzol,
Mikor a meleg kabátban is őrülten fázom,
Mikor csak egyetlen mosolyodra vágyom,
S hogy halljam végre újra selymes hangodat,
Hogy elvesszek megint kék tekintetedben,
Hogy leszek veled boldog, újra elhiggyem,
Hogy mindennél jobban akarjam az ölelésed,
Mert kellene a tanácsod, hogy megint túléljek
Mindent, ami bennem van, és amit igaznak hiszek,
Csak egyetlen üzenet, hogy tudjam, számítok neked,
Hogy értsem, nem hiába kereslek azóta is téged,
Hogy lesznek még válaszok a kínos miértekre,
Mert a sírás megint fojtogatja a torkomat,
És te most is ki tudja, milyen messze vagy,
Pedig csak a szavaidat akarom, hogy beszélj hozzám,
Ahogyan akkor régen, őszintén és tisztán,
Mert nem tudok beletörődni abba, hogy nem vagy velem,
Minden egyes nap gúnyosan csak rólad mesél nekem
(És nincsen senki, ki valaha helyedbe léphetne,
Hogy bárkinek is sikerülhet, úgyis hiába hiszem),
Mert nemrég még velem voltál minden utamon,
És te tudtad, hogy őszintébb vagyok, ha iszom,
És értékelted, ha bókoltam neked, pedig nem akartad.

Ma sem értem, hogy mit kellett volna tenni máshogy,
Mit kellett volna megértenem, talán kihasználni a távolságot,
Magadra hagyni, hogy ne csak te hiányozz,
Hogy engedd végre, hogy megértselek, ahogy érdemled,
De a káoszban nem találtalak, s végül elvesztél,
És nem talállak azóta sem, kétségbeesve üvöltöm a neved,
De te persze nem válaszolsz, ha hallod, akkor sem,
De kérlek szépen, most már tovább ne büntess,
Vezekeltem már az el nem követett vétkekért is,
Megérdemlem a csókodat, és az őszinte szavakat,
Szeretlek, kérlek, engedd, hogy megadjam, amire vágysz...

Budapest, 2021. október 30.

KÖSZÖNET

Neked köszönhetem, hogy tudom, ki vagyok,
Hogy már végre értem is, hogy merre tartok.
De még mindig ugyanúgy fáj, ahogy hiányzol,
Mégis jó, mert ez mindörökre hozzád láncol.

Azóta kereslek, hogy elvesztettem a bizalmad,
Néha üvöltöm, néha suttogom, hogy irgalmazz...
Bár egy világ választ el tőled, s te nem hallod,
Mindig a szívemben vagy, s hallom a mosolyod.

A remény éltet, hogy találkozunk még valahol,
Hogy égkék szemedbe nézve új életre támadok,
Hogy nevetésedben újra magamra találhatok,
Hogy hangod hallva megremegnek a csillagok.

Szemem vásznán ma s mindig a te filmed pereg,
Az együtt töltött pillanatokért hálát adok Istennek.
És bár sosem foglak érteni, mégis hinnem kell,
Hogy mit éreztél s éreztem, nem csak képzeltem.

Te vagy az egyetlen rózsa, ami nekem nyílhatott,
Tüskéd megsebzett, de gyógyír volt édes illatod.
De nem léteznek csodák, már mindhiába várom,
Bár én írok, te egyetlen üzenetre sem válaszolsz.

Az erő lassan elfogy belőlem, nem vagy sehol,
És néma ajkad ma is mindenért engem vádol...
Hogy megbántottalak, meg sosem bocsátom,
Hogy visszaengedj az életedbe, halálomig várom.

Mégis az egyetlen, ami örökre hozzád láncol,
Hogy még mindig ugyanúgy fáj, ahogy hiányzol.
De már értem is végre, hogy merre kell tartanom,
Mert neked köszönhetem, hogy tudom, ki vagyok.

Budapest, 2021. október 6-8.

CSAK TE

Tudod, édes, nem   kellene ma más
Feledni e nehéz napot,   csak hogy Te ölelj át,
Csak hagyd, hogy elvesszek azúr-kék tekintetedben,
Hogy lecsókold fáradt szememről a keserű könnyeket,
Hogy szorosan fogd két kezemet, amikor itt hagynálak,
Amikor feladnék mindent és megfutamodnék gyáván,
Hogy mosolyogj rám, amikor csak sírni volna kedvem,
Hogy kimondd, szeretsz, hogy fontos vagyok neked,
Hogy megérints, hogy hátrasimítsd a hajam,
Hogy hazaérve hozzám bújj az ágyban,
Hogy nevetésed emlékeztessen,
Hogy a boldogságomhoz
Nem kell senki,
Csakis
Te.

Budapest, 2021. július 15.

LEGYEN ÚGY

Legyen úgy, ahogy te akartad, nem könyörgök hát tovább,
Nem kérem, hogy megbocsásd az el nem követett bűnöket.
Hogy mindennél jobban szeretlek téged, az egyetlen hibám,
De feladom, már nincs semmi értelme, többé nem kereslek.
Legyen úgy, hogy sosem csókolhatom mézédes ajkad ízét,
Elfogadom, hogy ezután velem csak az emlékek maradnak.
Pedig mindennél jobban vágytam látni szemed tiszta tükrét,
Hittem, ha belenézek, megértem, miért nem válaszolhatsz.
Legyen úgy, hogy nem álmodom tovább a legszebb álmot,
Pedig még minden éjjel kísért a mosolyod... olyan gyönyörű!
De nem remélem, hogy ha átölelsz, majd új életre támadhatok.
Elfogadom, hogy sosem fogod viselni a neked szánt gyűrűt.
Legyen úgy, hogy éljük az életünk... ha van dolgunk egymással,
Még találkozunk. Nagyon hiányzol... Kérlek, vigyázz magadra!

Budapest, 2021. június 20.

BÁRMIT

Szívem mozijában éjjel-nappal
A „mi lett volna, ha" filmje forog,
Gyakran megakad a mosolyod,
Most is te vagy minden vágyam.
Érezni akarlak, csak forrón ölelni,
Elfeledni mindent, ami eddig fájt,
Nem akarok többé semmi mást:
Csókolni, benned új életre támadni.
Megtalállak, addig nem nyugszom,
A szemed elmondja majd az igazat,
Bármi lesz, elfogadom a szavaidat,
De szükségem van rá, hogy kimondd.
Hiszem, hogy adsz még egy esélyt,
Én bármit megtennék a szerelmedért.

Budapest, 2021. június 14.

BÁRCSAK

Bárcsak átölelnél, és fognád a kezem,
Bárcsak csókolna vadul mézédes ajkad,
Bárcsak tudhatnám, hogy nem tévedtem,
Bárcsak mondhatnám, téged akarlak...

Bárcsak válaszolnál minden üzenetre,
Bárcsak hallhatnám újra a hangodat,
Bárcsak adnál nekem végre kegyelmet,
Bárcsak jönnél felém mosolyogva...

Bárcsak megint beszélgetnél velem,
Bárcsak meghallanád, hogy hívlak,
Bárcsak engednéd, hogy szeresselek,
Végre nem lenne hiába minden holnap.

Azt kívánom, bárcsak elfelejtenélek,
Bárcsak sosem találkoztunk volna,
Bárcsak sosem tudtam volna meg,
Hogy eddig magamnak is hazudtam.

Bárcsak visszaengednél az életedbe,
Bárcsak lenne mindenre magyarázat,
Bárcsak el tudnám fogadni, hogy vége,
Hogy nem volt ez más, csak látszat.

Bárcsak tudtam volna dönteni helyesen,
Bárcsak lehettem volna egy életre a társad,
Bárcsak hallgattam volna az eszemre,
Bárcsak úgy viselkedtem volna, ahogy vártad.

Bárcsak mondtam volna, csak téged akarlak,
Bárcsak tudtam volna, hogy nem tévedhetek,
Bárcsak csókoltam volna vadul mézédes ajkad,
Bárcsak öleltelek volna, hogy sose engedj el...

Budapest, 2021. május 8.

ÖRÖKRE ÁTKOZOTT

Átkozott a perc, amikor először vesztem el a szemedben,
Amikor töretlen hittem, hogy velem lehetsz egy új életben,
Amikor a nevetésed hallva döbbenten magamra ismertem,
A perc, amikor rájöttem, hogy már mindörökké szeretlek...

Átkozott az óra, amikor először írtam üzenetet neked,
Amikor előtte hosszasan vágyott profilodat kerestem,
Amikor szavaid hallgatva megszűnt létezni az eszem,
Amikor rájöttem, a mindenem, az életem adnám érted...

Átkozott az a nap, amikor téged megismerhettelek,
Mikor veled szemben ülve ismerős arcodat fürkésztem,
Mikor hangod bársonya volt a gyógyír minden sebemre,
Mikor elhittem, hogy te vagy az, akit eddig kerestem...

Átkozott az óra, amikor megírtam az utolsó üzenetet,
Amikor a válasz annyi volt, a beszélgetést befejeztem,
Amikor hiába kiáltottam a neved, hozzád el nem ért,
Amikor rájöttem, hogy bár hittem, sohasem ismertelek.

Átkozott a perc, mikor rájöttem, hogy örökké szeretlek,
Mikor a nevetésed hallva először magamra ismertem,
Mikor hittem, veled boldog lehetek egy másik életben...
Örökre átkozott, ki szeret, de szerelme reménytelen.

Budapest, 2021. április 26.

RÓZSA

Még álmodom a jövőnkről, pedig tudom, sosem jöhet el,
Még vágyom az ölelésedre, hogy csókolj át egy új életre,
Még gondolok rá, hogy milyen lehet melletted felébredni,
És mindennél jobban akarlak egy életen át szeretni.

Az egyetlen rózsa vagy, amely nekem nyílt erre a világra,
Töviseid halálra sebeztek, de én csak a szépséged láttam,
Szemed tükrében ott csillogott a lelked... nem, az nem lehet,
Hogy nem érdekel, hogy mennyire fáj, hogy sohasem érdekelt.

Már tudom, többé nem jön tőled üzenet, nem lesz magyarázat,
Szívemben nincs, csak rideg közöny, csak az maradt utánad.
Magaddal vitted belőlem a reményt, az életbe vetett hitet...
Ezután hogy bízzak bárkiben? Nem kellett volna benned sem.

Különlegesnek hittelek, lehetett volna ez egy tündérmese.
De te máshogy döntöttél, és nem kapok többé kegyelmet.
És tudod mi a legrosszabb?! Hogy még mindig várlak...
Hogy egyetlen szavadba kerülne, és rohannék hozzád.

Mert mindennél jobban akartalak egy életen át szeretni,
Még gondolok rá, hogy milyen lehet melletted ébredni,
Még vágyom az ölelésedre, hogy csókolj át egy új életre,
Még álmodom a jövőnkről, de már tudom, sosem jön el...

Budapest, 2021. április 18.

BÚCSÚ HELYETT

Arra kérsz, adjam fel, hisz' nem kellek neked,
Hogy valakinek majd én lehetek a tökéletes...
Csak most értettem meg, hogy nem engem,
Hanem mindvégig csakis magadat büntetted.

Utolsó üzeneted szavai párnámon hevernek,
Minden éjjel szívembe marnak halálos sebet.
De álmomban a mosolyod mindig újjáéleszt,
És hangod puha bársonya pajzsként takar be.

Tudom, hogy hiába várom, te nem felelhetsz,
Magamba zárok rólad minden édes emléket,
Nem mesélek senkinek, hogy ne lophasson el,
A tiéd vagyok, mert már mindörökké szeretlek.

Bárcsak ne írtál volna, mert megöltél vele,
Annyit adtál, de százszor többet vettél el,
Többé sohasem találok magamra benned,
Boldogságodért odaadtam volna mindenemet.

Lelkedben rég elvesztett társam ismertem fel,
Veled minden fájdalomnak lett volna értelme.
A remény csillant fel mosolyod kék tükrében,
De elmentél, így nincs már miben hinnem...

Egy város, mégis mérföldekre messze tőlem...
Mindvégig túl gyáva voltál őszintének lenni velem.
Megbocsátok neked minden gyengeséget.
Mert a legnagyobb hazugság küzdeni ellenem.

Mindvégig csakis önmagadat büntetted,
És nem vagyok elég, hogy megmentselek,
Mert valakinek majd én lehetek a tökéletes.
Te kérsz, hogy feladjam, nem neked kellek...

Budapest, 2021. március 22.

HIÁBAVALÓ VALLOMÁS

Azt hittem, ennél már nem eshetek lejjebb,
De most újra zuhanok, nevedet kiabálom,
Tudom, hogy soha többé nem hallasz meg,
De nem vagyok képes elfogadni. Hiányzol!

Azt sem tudom, hogy ki vagyok, ki voltam,
Kitéptem lelkem ajtaját, úgy hittem benne,
Hogy te vagy az, akire mindig is vártam,
Testvér, szülő, barát, szerető, szerelem...

Csupán a hatalmas űr van a szívemben,
Magamra találtam egyetlen mosolyodban,
A nevetéseddel új életre ébresztettél fel,
És most újra magányosan bolyongok.

A csalfa reménybe haltam bele, tudod?
Te nem tehetsz róla, csak az én hibám,
Benned láttam minden boldogságom,
De elvakított, hogy végre rád találtam.

Már kezdem elhinni, hogy csak ennyit érek,
Hogy hiába könyörgök, többé nincs bocsánat,
Hogy bármit teszek, te már soha nem felelsz,
És hogy hazugság volt, hogy fontos vagyok.

Veled értelmet nyert volna minden a múltban
És a jelenben. Válasz voltál a kérdéseimre.
Észrevétlen feje tetejére állítottad a világomat,
Minden hazugság, te vagy az első szerelmem.

Hiányzol. És nem vagyok képes elfogadni.
Miért nem hallasz meg, mondd, miért?!
Most olyan jó a csönd, olyan jó zuhanni.
Már nem küzdök tovább, már nincs kiért...

Budapest, 2021. március 16.

ÉRTED MEGÉRTE

Bár szívem véres és lelkem tépett,
És hiányod mindennél jobban fáj,
Azt mondom, érted mégis megérte,
Mert mosolyra fakaszt, amit adtál.
Benned megtaláltam a jövő reményét,
És éjjelente csukott szemmel is látom
Tengerkék szemeid igéző fényét...
Mindig velem vagy, mikor álmodom.
És nem tudom, hogy engedjelek el...
Bárhogy tagadom, szerelmem örök.
Mit tegyek, hogy többé ne féltselek?!
Bárhogy is van, mindent köszönök.
Bár szívem véres és lelkem tépett,
Azt mondom, érted mégis megérte.

Budapest, 2021. március 9.

VALLOMÁS

Néha olyan jó mesélni rólad,
Még ha nem is őszinte minden mondat,
De érzem, hogy gyomromban pillangók táncolnak,
Mint akkor, mikor enyém volt a mosolyod.

Néha olyan jó mesélni rólad,
Többé már nincs dolgom az igazsággal,
Elég azt tudnom, hogy tetszett nagyon az a lány,
Akinek magam a szemedben láttam.

Néha olyan jó mesélni rólad,
Emlékeztet, hogy nem álom vagy,
Hogy csak hadakoznom kell még a valósággal,
És lehet miénk egy szebb holnap.

Néha olyan jó mesélni rólad,
De nagyon nehéz dacolni a vágyakkal,
A súly egyre csak növekszik minden nappal,
De amíg élek, visszavárlak.

Néha olyan jó mesélni rólad,
Hallom, ahogy megint nekem dalolsz,
Már ismerősen cseng bennem minden akkord,
Mert lelked elvarázsolt...

Néha olyan jó mesélni rólad,
Pedig hazugnak cseng minden szavam.
Megérteni, hogy mit érzek, senkinek nincs joga.
Szerinted is bonyolult volna.

Nagyon fáj még mesélni rólad,
Mert feje tetejére állítottad a világomat,
De túl késő, pedig már elmondanám a titkaimat.
Az egyik az, hogy hiányzol...

Budapest, 2021. február 7.
Javítva: 2021. február 10.

ÚJÉVI FOGADALOM

Fogadom, hogy nem írok neked ezután,
És nem könyörgöm, hogy megbocsáss,
Tudom, minden hang, minden szó, hiába...

Fogadom, hogy nem hívlak téged többé,
Tudnod kell, hogy tiéd vagyok mindörökké,
De nem tudnék többet adni az életemnél...

Fogadom, hogy soha nem beszélek rólad,
Veled a lelkemben élek nélküled tovább...
Csak én érthetem a kincset, mit tőled kaptam.

Fogadom, hogy többé már nem sírok utánad,
Bár nagyon fáj, de minden napért hálás vagyok,
És minden őszinte percért köszönettel tartozom.

Fogadom, hogy ezután is álmodok majd veled,
Mert te remény voltál a reménytelenségben,
És a mosolyoddal begyógyítottad a sebeim.

Fogadom, sosem szégyellem, hogy szerettelek,
Szívem polcaira teszem a szép emlékeket,
Hogy ha fáj az élet, elűzzék a könnyeimet.

Fogadom, hogy égkék szemed nem feledem,
Ha rám nézett, tudtam, érdemes még hinnem,
Most is tudom, ahogy nézem a fényképedet...

Fogadom, hogy remélek, amíg csak élek,
Hogy egyszer megbocsátasz minden vétket,
S akkor a karjaidban majd új életre ébredek...

Budapest, 2020. december 31.
Átirat: 2021. január 2.

LEGUTOLSÓ ÜZENET

Nem mondtam, mégis örökké foglak szeretni,
De a remény ma végleg elengedte a kezem,
És egyedül túl fájdalmas érted küzdeni,
Már nem hiszem, hogy valaha még ölellek.

Sosem mondtam, de örökké foglak szeretni,
Még így sem voltál képes megnyílni nekem,
Talán sosem tudtál hozzám őszinte lenni,
És én mégis cserébe odaadtam a szívemet.

Nem tudod meg, hogy örökké foglak szeretni,
Nem volt elég erőm, hogy a társad lehessek,
Hogy többé sohasem látlak már mosolyogni,
Végre el kell foganom, és el kell engedjelek.

Ordítanám, hogy mindörökké foglak szeretni,
De többé nem hallasz és nem látsz engem,
Feladom, de én nem akarlak soha elfeledni,
Bár többé nem beszélek rólad már senkinek.

Nem tudod meg, hogy örökké foglak szeretni,
Bár megérthetném, hogy mi történt velünk,
Hogy mit érzek, miért nem akartad tudni?
Pedig én csodaszépnek álmodtam a jövőnk.

Sosem mondtam, de örökké foglak szeretni,
Minden percben belém hasít kínzó hiányod,
Életem végéig fogok szemed kékjéről álmodni,
Mindig a legszebb a meg nem valósult álom.

Nem mondtam, mégis örökké foglak szeretni,
Légy boldog, csak ezt kívánom utoljára neked!
Köszönöm, hogy hozzám tudtál kedves lenni...
Fáj, hogy nem mondhattam, örökké foglak szeretni.

Budapest, 2020. november 4.

UTOLSÓ KÖNNYCSEPP

Te
Talán nem
Az vagy, akinek
Négy hónapig hittelek
Beléd vetve minden reményemet
Nem az a lány, aki megédesíti az életem
Pedig én társamnak álmodtalak minden éjjel
És még az sem zavart, hogy te nem így éreztél
Senkit nem akarsz, azt mondtad, semmit nem ígértél
Mégis mindennap bíztam, amíg jött tőled pár üzenet
De aztán egyszer csak nem írtál többé, elvesztettelek
De én még ekkor sem adtam fel, volt még ötletem
Hittem, hogy adsz majd esélyt megbeszélni
Nem jön tőled válasz, nem tudlak hívni
Nem tudok mást tenni, csak feladni
Hogy fussak hozzád, egyetlen
Szavadba kerülne
Szeretlek

Budapest, 2020. október 31.

NE FÉLJ...

Ne félj, ál-arcomon a mosoly ma is csillog,
Csak megfáradt lelkemben dúl a háború.
Senki nem tudja, hogy még érted kiáltok,
Hogy szívem értelmetlen hiányodtól szomorú.

Ne félj, ál-arcomon az orrom sem lógatom,
Pedig a remény is elengedte ma a kezem,
Hiába tártam ki a szívem, végre felfogom,
Hogy sosem jön tőled válasz az üzenetre.

Ne félj, ál-arcomon a szemem ma is fénylik,
Csak a lelkem zokog, s üvölti drága neved.
Minden perc átkozott-édes hangodat idézi,
Most is hallom, ahogy csak nekem nevetsz.

Ne félj, ál-arcomon a szemöldököm ívelt,
Csak belül üvöltöm mindig, hogy miért?!
Halkan folynak sajgó sebemre a könnyek,
Mert nem adsz feloldozást a bűnökért.

Ne félj, ál-arcomon a szempilla is göndör...
Sosem ismert érzést szabadítottál el bennem,
És nem tudom meg, milyen veled a gyönyör,
Pedig mindenemet adnám csókodért cserébe.

Ne félj, ál-arcomon a homlokom se ráncos,
Pedig belül a pokol kénköves tüze éget.
Elvettél tőlem minden dédelgetett álmot,
Mert nem volt elég, hogy téged szeretlek...

Ne félj, ál-arcomon a hajam is tökéletes,
Pedig minden ébredés és mozdulat fáj.
Ha lenne merszem, eldobnám az életem,
De miattad hiszem, hogy léteznem muszáj.

Ne félj, ál-arcomon a mosoly mégis csillog.
Bár szívem megszakad, de rólad lemondok.
Bolond voltam, hogy hittem a boldogságban,
Sosem volt helye ebben a kegyetlen világban...

Budapest, 2020. október 23.

„VALAKI ÚTRAVÁLT..."

„...a lelkünk, kér, marasztal
Valakit, aki már nincs velünk...
Kegyetlen szépet siratunk...
Valakit, kiért hiúk voltunk..."
(Ady Endre)

Mintha csak álom volnál, útraváltál belőlem,
De ha szemem lehunyom, hallom a szavaid,
Látom nevetésed selymét, ahogy jössz felém,
Pedig nem veszítheted el, aki sosem volt tiéd,
Most mégis üresen kong a hiányodtól a szívem,
Minden előzmény nélkül kiszakadtál belőlem,
Vagyis nem, voltak jelek, de én nem láttam,
Mert tengerkék pillantásod örökre elvarázsolt.
Az életemet adtam volna a boldogságodért...

Nem küldök már választ meg nem írt kérdésre,
És nem várom éjjel-nappal a te üzeneteidet,
És bár még bármikor képes vagyok megsiratni,
De hálás vagyok minden percért, amit kaptam.
Nem a múltat bánom, hanem az elképzelt jövőt.
Azt, hogy nem fogtam meg a kezedet séta közben,
Hogy nem csókoltalak meg büszkén a Körúton,
Nem öleltelek, dacára minden megjegyzésnek,
És nem mondtam, hogy mennyire szeretlek...

Látod, mégis élek, nem változott meg semmi,
Dolgozom, a Föld sem szűnt meg forogni,
De bennem csak az átkozott, nagy csönd van,
Minden üzenet, hívás már hidegen hagy,
Mert nem te vagy, nem írsz, hiába vártam.
És mindent úgy csinálok, ahogyan eddig,
Hogy valami fáj, nem is lehet észrevenni,
Csak én érzem az átvirrasztott éjszakákon,
Hogy neved üvöltve belehalok, úgy hiányzol...

Hogy újra szeretem magam, neked köszönhetem,
Mert tetszeni akartam neked, mindent megtettem,
Hogy méltó legyek arra, hogy társadnak nevezz.
Csak miattad remélek egy szebb holnapban,
Mert azt hiszem, te vagy, akire mindig is vártam,
Nem hiába zuhantál be szívem nyitott ajtaján,
Mert neked nyitottam ki... De minden elrontottam.
Annyira bízom benne, hogy egyszer megbocsátasz,
De tudom, ebben az életben már sose látlak...

Nem születik már vers, mely neked íródhat,
E sorokkal belőlem minden fájdalom kiszakadt...
Kedves, hálás vagyok minden őszinte szóért,
S minden reményért, ami üzeneteidből fakadt,
És örökké áldalak a lelkedért, és minden jóért,
Amit tőled tanultam. Sajnálom, hogy nem volt
Elég erőm, hogy kivárjam, amíg végre hazatérsz.
Szívem minden szeretetével most elbocsátalak,
Nem tartóztathatlak, mert már régen útraváltál...

Budapest, 2020. október 12.

HÉTSOROS

Átestél szívem nyitott ajtaján,
Múltad küszöbében botlottál el,
Nem segítettem, hogy magadra találj.
Ne félj, átkom többé nem üldöz,
Ahhoz túlságosan szerettelek,
Csak a remény marad örök,
Besétálsz még azon az ajtón...

Budapest, 2020. október 8.

SZÜLETÉSNAPODRA

Huszonhat éves lettél te,
Alkalom, hogy elengedjelek.
Nincs már esély,
Hogy enyém legyél.

Elnézést akartam kérni,
Hogy tudd, nehéz szeretni,
Nincs bocsánat,
Csak a bánat.

Huszonhat éved ábránd csak,
A büszkeség nem tesz boldoggá,
Rideg a szíved,
Nem szeretsz.

Lehettem volna a társad,
Melletted jóban s rosszban,
Hiú ábránd,
Sose bánd.

De nem lettem, mert meguntál,
Szerettelek, de te megutáltál,
Nincs szerencsém,
Nincs remény...

Álmomban kísértesz még,
S átkom is örökké tiéd,
Csak a halál
Ad megnyugvást.

Mondtad, rossz döntés volt,
S mindenért engem okolsz,
Pedig a te hibád,
Nem tudtam, hol a határ.

Szemembe égett az a mondat,
Azóta nem volt nyugodt holnap,
De most vége,
Mégis megérte.

A mincent jelentetted nekem,
És én neked semmit sem.
Ne félj, már nem fáj,
Vigasztal a magány.

Sohasem kerestelek téged,
Hirtelen jöttél velem szembe,
Káprázat voltál,
Sosemvolt vágy...

Nem tudom, milyen lenne veled,
Tudod, már nem is érdekel.
Már nem hiányzol.
Sok boldogságot!

Budapest, 2020. október 6.

ÖRÖKRE ÁTKOZOTT

Sosem bocsátom meg,
Hogy esélyt sem adtál,
Hogy szenvedni hagytál,
Hogy nem kellettem neked.

Sosem bocsátom meg,
Hogy a szeretet nem volt elég,
Jogosan volt bennem kétség,
Hogy nem voltál őszinte.

Sosem bocsátom meg,
Hogy meg nem hallgattál,
Mindent ridegen lezártál,
Pedig csak féltettelek.

Sosem bocsátom meg,
Hogy nem volt helyes döntés,
Hogy szívembe döfted a kést,
A lelkem nem volt elég.

Sosem bocsátom meg,
Hogy velem játszadoztál,
Hogy te is elárultál,
Vissza többé nem engedlek.

Sosem bocsátom meg,
Hogy magadtól ellöktél,
Nincs már több esély,
Magányosan halsz meg.

Sosem bocsátom meg,
Hogy belém égett a mosolyod,
Nélkülem nem lesz otthonod,
Őszintén többé senki nem ölel.

Sosem bocsátom meg,
Hogy négy hónap ennyit ért,
Megfizetsz minden könnyemért,
Mert meg nem érdemelted.

Sosem bocsátok meg,
S e haraggal a szívemben
Meghalok majd, s te...
Átkozott leszel örökre.

Budapest, 2020. szeptember 21.

KÜLÖNÖS VOLT

Olyan különös dolog volt félteni téged,
Minden nap legyőzni 1.100 kilométert,
Várni, hogy elfogyjon az idő, s remélni,
Amikor hazatérsz, tudsz majd szeretni.

Olyan különös dolog volt aggódni érted,
Nem tudni, adsz-e majd választ a miértre.
Óh, annyira akartam, hogy itt maradj,
Hogy a boldogságra mégis esélyt adj...

Olyan különös dolog volt vigasztalni téged,
Tudni, hogy a szavak simogatják a lelked,
Közben érezni, hogy nyugszol meg lassan,
S azt remélni, hogy ölelhetlek nemsokára.

Olyan különös dolog volt bolondozni veled,
Néha kinyitottad törött ablakát a szívednek,
De megijedtél, mert megláttad kinn a fényt,
Gyorsan becsaptad, belépnem nincs esély.

Olyan különös volt üzenetet kapni tőled,
Szinte a hangod is hallottam olvasás közben.
De tegnap megölted a maradék jót bennem,
Örök magányába visszakúszott a szívem.

Olyan különös dolog volt álmodni rólad,
Hinni, hogy lesz még együtt szebb holnap.
De kettétörted minden titkos vágyamat,
Nem kellek neked, nincs miért várjalak.

Budapest, 2020. július 19.

ISMERŐS IDEGEN

Pár napja halkan pengeted már szívem húrjait,
De nem hallottam, ismeretlen volt a dallam,
Sosem képzelt érzések keserédes akkordjai...
Már újra süt rám a nap, ha látom a mosolyodat...

Nem akartam hallani, hogy nekem énekelsz,
De a nevetésem elárult, bárhogy is tagadtam,
Drága titok vagy, mely várja, hogy megfejtsem.
De vajon képes lennék-e más lenni miattad?

Sosem képzelt álmok kergetőznek bennem,
Mit igaznak hittem, talán sohasem volt az.
Rád vártam, hogy a helyére kerüljön minden?
Vagy csak megőrjített az értelmetlen harc?

Minden percben keresem a tekinteted,
Vonzod a testem s a lelkem. Én készen állok.
De nem akarok fájdalmat okozni neked.
Nem tudom, lehet-e boldogság, mit adhatok...

Budapest, 2020. május 27.

IGAZ SZERETET

A VALENTIN-NAP MARGÓJÁRA

Csak engedtem, hogy lassan kiolvaszd a szívem,
Hogy nevetésed vigasztaljon minden rossz napon,
Bár én üldöztelek el, s már nem segít a szánalom,
De hangodnak bársonya örökre megrészegített.

Valóra váltottál egy meg sem született vágyat,
S én úgy szerettelek, amire féltékenyek az istenek,
De hiába akartál segíteni, csak széttépted a lelkem.
Már tudom, te vagy az ördög a földi poklomban.

Végre beletörődtem, hogy már sohasem leszek boldog,
A mindenem voltál, megadtad, amit sohasem reméltem.
Ha hozzád nem szólhat, máshoz sem szól többé a dalom.

És mégis örökké hálás leszek az elátkozott percekért,
Hogy újraálmodhattam veled mégis a legszebb álmot...
E vers volt az utolsó, melyben még sírhattam a lelkedért.

Budapest, 2020. február 14.

FÁJSZ, AHOGY NEM FÁJT MÉG SENKI SEM...

Fájsz, ahogy nem fájt még senki sem,
Örökre a kezedbe adtam az életem,
És nem kérdeztem, hogy szeretsz-e.

Fájsz, ahogy nem fájt még senki sem,
Talán átkozott szívemben a szerelem,
És te sem kérdezted, hogy szeretlek-e.

Fájsz, ahogy nem fájt még senki sem,
Jobb lett volna tőled elfutni messzire,
Könnyebb lett volna elhinni, hogy szeretsz.

Fájsz, ahogy nem fájt még senki sem,
Mert elfogadtam, mit álmodni sem mertem,
De te közben csak játszol a szívemmel.

Fájsz, ahogy nem fájt még senki sem,
S félek, hogy bevallani sohasem merem,
Hogy már a mindent jelented nekem.

Fájsz, ahogy nem fájt még senki sem,
De még a fájdalomból is erőt nyerek,
Mert tőled már többé nem menekülhetek.

Fájsz, ahogy nem fájt még senki sem,
Mert nem dicsérsz, inkább büntetsz,
Hogy mit tettél, el sohase felejtsem.

Fájsz, ahogy nem fájt még senki sem,
Várom, hogy felhívj, minden percben,
S te mégsem hívsz, ez a büntetésem.

Fájsz, ahogy nem fájt még senki sem,
Talán az átok végre eltávozik belőlem,
És ki merem mondani, hogy szeretlek.

Fájsz, ahogy nem fájt még senki sem,
Örökre a kezedbe adtam az életem,
Bár már tudom, te nem szeretsz engem.

Budapest, 2020. január 12.

ÁLDÁS VAGY ÁTOK?

Mikor rólad kérdeznek, számban tolonganak a hangok,
Ezerszer ezer szót mondanék, de inkább csak hallgatok,
Azért, hogy ismerlek, már mindörökké hálás vagyok...

Mikor rólad kérdeznek, szívemben gyülekeznek a könnyek,
Rabja lettem szép lelkednek, de többé nem szabad az őr sem,
Az, hogy ismerlek, bennem megváltoztatott mindent...

Mikor rólad kérdeznek, fülemben ott cseng a mosolyod,
Visszhangzik drága nevetésed, mely a sötétben is ragyogott,
És mert ismerlek, legyőztem minden múltbéli árnyékot...

Mikor rólad kérdeznek, szemem tükrében látom a szemed,
Távoli kékjével újraszínezted elveszett szürke életemet,
S mert téged ismerlek, újra önmagam lehetek...

Mikor rólad kérdeznek, körülöttem ott lebeg az illatod,
S erőt ad minden mozdulat, érintés, zavart pillantások,
Csak mert ismerlek, tudom, hogy léteznek angyalok...

Mikor rólad kérdeznek, a vágy húrjai neked zengenek,
Már nem tagadhatom, hiába minden, hogy szeretlek...
Mert az, hogy téged ismerlek, eltörölte minden bűnömet.

Mikor rólad kérdeznek, számban tolonganak a hangok,
Ezerszer ezer szót mondanék, de egyre is képtelen vagyok,
Mert nem tudom, hogy az, hogy ismerlek, áldás vagy átok?

Budapest, 2020. január 3.

74

ÉDES ÁLMOK

Megvalósítottál egy álmot, amit már oly rég eltemettem.
S megöltél egy másikat, már a születésekor halálra ítélted.
Nem tudhattad, hogy egymás nélkül nem képesek létezni,
Mert bármit tennél is, már nem tudlak sohasem feledni...

Azt csinálhatom, amire mindig vágytam, te előbb tudtad.
Mindig mellettem állsz, megértesz, támogatsz s bátorítasz,
De ha rád nézek, nem a férfit látom benned csupán,
Hanem a mindent: testvért, szeretőt, barátot s apát...

Nem tehetem, amire mindig vágytam, mert te nem tudtad,
Hogy miattad örökre foglya lettem már mindkét álmomnak,
Félelmetes, hogy nélküled már nincsen értelme semminek,
Hiába tagadnám, talán érzed is, teljes szívemből szeretlek...

Megöltél egy álmot, de már magamban én is eltemettem.
Helyette megvalósulhatott egy másik, mert te életre ítélted,
De nem tudhatod, hogy nélküled már nem tudnék létezni,
Mert bármit tettél is, már nem tudlak sohasem feledni...

Budapest, 2019. december 20.

TE VAGY

Egy nehéz nap után te vagy arcomon a mosoly,
Te vagy, ki átnevetsz minden könnyemen,
Remény vagy minden reménytelenségben.
Te vagy, ki átragyogsz minden bánatomon...

Te vagy minden közönyömben a szeretet,
Te vagy, ki átlátsz minden rideg álarcomon,
Ki bennem minden bűnt még csírájában elfojt,
Te vagy, ki megtanítasz hinni a hitetlenségben.

Te vagy a lemondás után bennem mégis az akarat,
Miattad felejtem el, hogy az utam milyen göröngyös,
Ki a feladás után teremtesz a lelkemben álmokat.

Te vagy, kinek őszintén ki tudom mondani: köszönöm,
Ki mellettem áll, s ha elvesznék, majd újra utat mutat,
Ebben a rideg világban te vagy minden örömöm...

Budapest, 2019. december 8.

SZABADDÁ?!

A fájdalom szabaddá kovácsol,
Mert elfelejtem, hogy hiányzol.
Elég lenne egyetlen mosolyod,
De csak magamra számíthatok.

Amikor elfelejtem, hogy hiányzol,
Minden pillanat hozzád láncol,
Mert magamnak is azt hazudom,
Már nem kell bársony vigaszod.

Elég lenne egyetlen mosolyod,
Minden hang a szívembe karcol,
Mindenhol ott látom édes arcod,
De még sosem voltál ilyen távol...

De csak magamra számíthatok,
És nem hívlak, inkább meghalok.
A fájdalom már őrültté kovácsolt,
Hogy hiheted, hogy nem hiányzol?!

Budapest, 2019. november 25.

SZERELMESLEVÉL

Azt
akarom
hogy te is
tudd hogy hiányzol
hívásod várom mindig
tudni hogy én is hiányzom
óh próbálom elhinni de mégis
azt sem tudom hihetek-e neked
és így is rád bíztam az egész életemet
ha hallom a hangod már nincs bennem
semmi félelem enyém az egész világ
mert te mellettem álltál mikor senki
a mosolyod fénye az erő bennem
félek hogy nem tudom kivárni
amíg megérkezel hozzám
mert fájsz nagyon
de akkor is
sze-
ret-
lek.

Budapest, 2019. november 22.

IMA HOZZÁD

Csak miattad van még bennem lélek,
Mert minden reggel mosolyod, mi éltet,
És bátran állok minden kihívás elé,
Mert hogy mindet megoldom, te mindig hitted.

Csak miattad éledt bennem újjá a hit,
Mert hangod bársonya mindig megrészegít,
Lehoznám érted a Sarkcsillagot is,
Mert minden egyes szavad szeretni tanít.

Csak miattad hiszek el minden csodát,
Minden éjjel érzem drága bőröd édes illatát,
S bár szerelmem sosem olthatja el szomját,
Nem veszítettelek el, te mögöttem állsz.

Csak miattad bízom egy szebb jövőben,
Mert megláttad a mosolyomat minden könnyben,
A te szép lelked megvigasztalt a közönyben,
Erős kezedet adtad a nehéz időkben.

Csak miattad görbül mosolyra az ajkam,
Mert ha lehunyom a szemem, hallom a hangod,
S bármi bánt is, nem vagy ott, mégis vigasztalsz.
Adomány ez, mit nem kapnak, csak az angyalok.

Csak miattad vált valósággá minden álom,
Úgy hiszel bennem, mint még senki soha,
Hogy csalódj bennem, ígérem, nem hagyom,
Mert belehalok, ha többé sosem látlak...

Hogy mindent megoldok, te mindig hitted.
Már bátran állok minden kihívás elé,
Mert minden reggel mosolyod ébreszt,
Csak miattad van még bennem lélek...

Budapest, 2019. október 12.

VAJON...

Vajon az vagy-e, akinek hiszlek,
A távolság homályában elvész a lelked,
S már abban sem vagyok biztos, hogy szeretlek.
Bízni akarok benned, de érzem, valamit titkolsz előlem...

Vajon az vagy-e, akinek látlak,
Tényleg a mennyből kaptad angyal-szárnyad?
Mert az erő te vagy bennem, s többé semmi nem árthat,
Mert ha te segítesz, fittyet hányok ezután a valóság bánatára...

Vajon az vagy-e, akinek hallak,
Kinek nevetése lelkemnek a balzsam,
S mosolya eltörli minden sebét a múltnak...
Vajon az vagy-e, aki a bajban mellettem van?

Vajon az vagy-e, akinek hiszlek,
Hangod selyme fogva tartja a lelkemet,
Hiába is tagadom, 13 éve téged kereslek...
Ölj, vagy ölelj meg, mert nélküled már nem élhetek...

Budapest, 2019. szeptember 2.

ÉS MÉGIS...

És mégis minden nap minden percében várom,
Hogy felhívj és mondd, hogy én is hiányzom,
Váltsuk meg minden bűntől a holnapot...

És mégis egyetlen percre sem bántam meg,
Hogy ki mertem mondani, hogy volt erő bennem,
Hogy esélyt adjak mindkettőnknek...

És mégis akarom hinni, mert az más, mint tudni,
Hogy te is képes lennél engem viszontszeretni,
A fájdalom lehet, nem fog megölni...

És mégis minden nap lebeszélem magam,
Hogy hívjalak, és mondjam, nincs tovább,
Teremts nekem helyet a világodban...

És mégis csak érted kelek fel minden reggel,
Mert a lelkemben ott csillog angyal-fényed,
Nélküled már régen nem léteznék...

És mégis, ha beszélünk, mindent le kell tagadni,
Mert te nem tudsz és nem is akarsz dönteni.
Gyáva vagyok, el kell menekülni...

És mégis minden mosolyban benne a szerelem,
S kimondatlanul tátong közöttünk egy szakadék,
És te nem fogod meg a kezem...

És mégis minden nap minden percében tudom,
Hogy ha hiányzom is, mondani sohasem fogod,
Jobb neked így, mert gyáva vagy...

Budapest, 2019. július 24.

HÁLAÉNEK

Köszönöm, hogy akkor is láttál,
Amikor sárba taposott mindenki más.
Köszönöm, hogy kezedet adtad,
Mikor mindenki a vesztemet akarta.

Köszönöm, hogy szerethettelek,
Még akkor is, ha sohasem engedted.
Köszönöm, hogy élhettem érted,
S hogy miattad kelt fel minden reggel.

Köszönöm, hogy erőt adtál,
Hogy a múltat magam mögött hagytam,
Köszönöm, hogy megmutattad,
Hogy van még élet a szív halála után.

Köszönöm, hogy megértettél,
Amikor a többiek őrültnek néztek,
Köszönöm, hogy megszerettél,
Még ha fáj is, hogy sosem öleltél.

Köszönöm, hogy meghallgattál,
Amikor mindenki elnémított volna,
Köszönöm, hogy lelkem simogattad
Angyal-mosolyod édes bársonyával...

Köszönöm, hogy megmentettél,
Hogy a falak mögé merészkedtél,
Köszönöm, hogy elengedtél,
Hisz' nincsen az életedben helyem.

Köszönöm, hogy végre megtanultam,
Hogy amit érzek, azt őszintén elmondjam,
Köszönöm, hogy szerelmet vallhattam,
És hallhattam a hangod... most utoljára...

Budapest, 2019. július 15.

SOSEM VOLT...

Pár napja csak a gyűlölet ködén át nézlek,
S érzem, lassan elillan belőlem az élet...
Minden színes álmom feketévé égett,
Neked rám sosem volt szükséged...

Pár napja csak a harag fátylán át látlak,
Próbálom észrevenni minden hibádat,
De lelkemre telepedett a nehéz bánat,
Neked sosem volt szükséged rám...

Pár napja csak a kétségbeesésben élek,
Senki másra, csak rád van szükségem,
De kezem hiába nyújtom, te nem fogod meg,
Neked rám sosem volt szükséged...

Pár napja minden szavad a szívembe mar,
Nélküled nincsen célom, az életem romokban.
Mint a levegő, úgy kell édes mosolyod.
Mondd, miért nincs szükséged rám?

Budapest, 2019. július 2.

FALAK

Falakat emeltél magad köré,
S egyedül gyenge vagyok lebontani.
Kellene, hogy nyújtsd a kezed felém,
De nem akarsz értem küzdeni...

Falakat emeltem magam köré,
S egyedül gyenge vagy lebontani.
Kellene, hogy nyújtsam a kezem feléd,
De nem akarok érted küzdeni...

Néha kinézel az ablakodon,
Kíváncsi vagy, hogy ott vagyok-e még,
De mindig rajtad van az álarcod,
S nem tudom, valaha szerethetsz-e.

Néha kinézek az ablakomon,
Kíváncsi vagyok, hogy ott vagy-e még,
De mindig rajtam van az álarcom,
S nem tudom, szeretlek-e téged...

Csak távolról fénylik a hangod,
Mi azelőtt éltetett, most megsebez,
Rideg mosolyod reményt már nem ad.
Mintha nem is léteztél volna sosem...

Csak távolról hallom a hangod,
Megsebez minden, mit félreértesz,
Rideg mosolyod csak fájdalmat ad,
Talán nem is léteztél sohasem...

Egy beszélgetés napokig éltetett,
Most már csak a hiányod éget...
Az érdekelt, hogy visszhangzol bennem,
S hogy fontos vagy nekem...

Minden telefonbeszélgetés kavarog bennem,
De minden nap a hiányod éget...
Többé már nem visszhangzol bennem,
S talán nem is vagyok fontos neked...

Már nem akarok érted küzdeni,
Minden könnycsepp hiába volt,
Nélküled nem tudom lebontani,
Élsz magányosan a falakon túl.

Már nem akarsz értem küzdeni,
Nem adhatom neked a szívem,
Nincs bennem semmi erő hinni,
Élek magányosan a falakon belül.

Budapest, 2019. június 24.

KÖSZÖNTÉS HELYETT UTOLSÓ DAL

Szívem szüntelen sír utánad, duruzsolnak a dalok,
De többé már nem figyelek rá, a bánatból elég volt...
Nem hagyom, hogy betakarjon hangod bársonya,
S mosolyod elrepítsen egy képzelt Mennyországba.

Amikor nagy szükségem volt a bátorító szavakra,
Te fülembe suttogtad őket, hittem a jobb napokban.
Pedig hogy nem sikerülhet, talán mindig is tudtam,
De szükségem volt rá, hogy akkor megvigasztalj...

Nem gondoltam, hogy létezik olyan erő, amit te adtál,
Nem éreztem ilyen hitet 13 magányos éve már...
De szemed kékjét már régen nem láthattam,
S egyre nehezebb elhinni, hogy érdekel a sorsom.

Ez lesz az utolsó dal, a feladás néma könnyeivel,
Nem zokognak a billentyűkön ujjaim soha többé...
Azt ordítja a zakatoló vágy, hogy engedd végre el!
Pedig nevetésed nélkül többé nem találom a helyem...

Könnyebb azt hinnem, hogy minden csak álom volt,
Tudom, hogy mellettem sohasem lehetnél boldog...
Kedvességed méze csak mérhetetlen bánatot adott.
Mert tudom, hogy szíved nekem sosem adhatod...

Ezen a szép napon kívánok neked sok boldogságot,
Hogy ismerlek s szeretlek, meg sohasem bánom.
Angyal-lelked édes érintése hiányzik majd halálomig,
De a tűz, amit gyújtottál, lobog majd a sírban is...

Hogy mosolyod elrepítsen egy képzelt Mennyországba,
Nem hagyom, s azt sem, hogy elraboljon lelked bársonya.
Többé nem figyelek rád, a bánatból már elég volt!
De szívem szüntelen sír utánad, duruzsolnak a dalok...

Budapest, 2019. június 5.

BABITS HELYETT TE

(Szabó Lőrinc után szabadon)

Mit láttam benned? Hőst, szentet, királyt.
Mit láttál bennem? Egy elveszett lányt.
Mit láttam benned? Magam végzetét.
Mit láttál bennem? Egy út kezdetét.
Mit benned én? Szerelmet, édes titkokat.
Mit bennem te? Félelmet, őrült vágyakat.
Aztán, mit én? Jövőm tündérálmát.
S te? Egy szánalmas lélek igaz valóját.
Én? Istent, akit meg kell váltani.
Te? Hogy szívemnek nincs joga mást választani.
S később? Hogy kinek hittél, nem az vagyok?
S én? Azt, akit soha el nem hagyok.
Te, tíz év múlva? – Tán mégis hibáztam?
S én, húsz év múlva? Életem értelme te vagy!
S húsz év múlva, te? Nincs mit tenni, kár.
Húsz év múlva, én? Nincs mit tenni, fáj!
S a legvégén, te? Így rendeltetett.
S én, ma s mindig? Nincs senkim kívüled.

Budapest, 2019. március 25.

KINCS VAGY

A legnagyobb viharban, csapkodó villámok között,
Egyedül te voltál, aki meghallottad, hogy kiáltok,
Tengeren vergődő, szánalmas hajótörött,
De nem engedted lelkemet közel a halálhoz.

Mentőövet dobtál, nevetésed édes dallamát,
Hiába próbáltam megsimogatni a szárnyad,
Oly' kevés vagyok, hogy közel legyek hozzád,
Pedig csak az a vágyam, hogy két karod öleljen át.

Hiába éreztem én mást, te csak embernek láttál,
De kétségbeesett szívem rögtön beléd szeretett,
Hitte, hogy érzelmek változtak vigasztaló szavakká.
De csak angyal vagy, akit erre a világra száműztek.

Hogy beszélgessünk, többé már sosem mondom,
Elfogadom, a magányon kívül sosem lesz társam,
Nincs már erőm megálmodni újra a legszebb álmot.
Nem marad más utánad, csak a végtelen bánat...

Túl minden fájdalmon, kegyetlen megaláztatáson,
Mindennap csak azt vártam, hogy végre felhívj,
És megkérdezd újra, hogy vagy, mi újság van?
Őszintén hittem, egymásra talál két elveszett szív.

Nem te vagy hibás, én akartam csak szeretni,
Szomjaztam bátorító-lelkesítő szavaid után...
13 év múltán az életet veled tudnám elképzelni.
De nem létezik ebben az életben a boldogság.

Három hónap kegyetlen ridegsége következik.
Szememben szemed kékje örökkön ragyog...
Mosolyod selyme fülemből már most hiányzik.
Ha többé nem hallasz meg, én meghalok...

Budapest, 2019. május 24.

MONDD!

Hangod ridegsége karcolja szívemet.
Mondd, mégis mit képzeltél?!
Egy lapra feltettem az életemet,
De az álom nem létezik, túl szép.

Hatalmas erőt kaptam tőled.
Mondd, mégis mit reméltél?
De érted haragszom, nem ellened.
Mert érdemes vagy a szerelmemre.

Kék-mosolyú, majdnem-szőke herceg,
Mondd, mégis miben hittél?!
Meghalt bennem minden, mi éltetett.
Veled megállíthatatlan lehetnék.

Hogy ne hívjalak többé, az lehetetlen,
Mondd, mégis miért tetted?!
Még mindig ott van a kezedben a szívem.
Kérlek, ne veszítsd el, szeresd!

Hogy ne hívj többé, az lehetetlen,
Mondd, mégis miért tettem?
Itt van a kezemben a szíved,
Minden vágyam, hogy szeressem!

Fekete királynője fáradt szívemnek,
Mondd, mégis miben hittem?
Te vagy bennem minden, mi éltet.
Együtt megállíthatatlanok lennénk.

Hatalmas erőt kaptam tőled...
Mondd, mégis mit reméltem?
De érted haragszom, nem ellened,
Mert megmutattad az igaz szerelmet.

Hangod ridegsége karcolja szívemet,
Mondd, mégis mit képzeltem?!
Egy lapra feltenném az életemet,
De nem léteznek tündérmesék.

Budapest, 2019. március 25.

ISTEN KÜLDÖTTE

Hiszem, hogy Isten küldött téged,
Hogy angyal-szárnyaddal gyógyítsd a sebeim,
Hogy kagyló-szívem kinyíljon,
S benne magamra találjak.

Hiszem, hogy Isten küldött téged,
Mert akkora erőt adsz, hogy beléhasad a szívem,
S mint arany medalion,
Fénylik benne a mosolyod.

Hiszem, hogy Isten küldött téged,
Hogy nevetésed elűzze a múlt félelmes lidérceit,
S végre elinduljak bátran,
Egy szebb jövő útján.

Hiszem, hogy Isten küldött téged,
Letörölni arcomról minden hideg könnyet,
Hogy a bűneimet megváltsd,
S higgyek egy szebb holnapban.

Hiszem, hogy Isten küldött téged...
Tudom, ha magamra hagysz is, itt marad fényed,
Hogy legyen majd vigasz,
Hogy újra felkeljen a Nap...

Hiszem, hogy Isten küldött téged,
Mert már álmodni sem lehet nálad szebbet,
Sosem leszek hozzád elég tiszta,
Mégis törődsz velem, mégis itt vagy...

Hiszem, hogy Isten küldött téged,
Legyőzhetetlen vagyok, mert te szeretsz,
Ha csak álmodom, csípj meg,
De ha nem, sose hagyj el! Szeretlek.

Budapest, 2019. március 17.

SZIRÉN-ÉNEK

Hangod zenéje, mint szirén-ének, megbabonáz,
Magával ránt az örvény s megszűnik a világ...
Fülemben visszhangzik drága mosolyod varázsa,
S bennem a fájdalom, miattad lettem újra magányos.

Sosem voltál és nem leszel sosem a valóság,
Mégis, nem vágyom senkire, csupán terád...
És minden gondolatomban csakis te vagy,
A te kék szemed fényét keresem mindenhol...

Ha nem is hallak, minden szavad bennem rezeg,
Csak ebből nyerhetek erőt, s sziklaszilárd hitet...
Mert te vagy, kinek köszönhetem, hogy élek,
Mert – bár nem értem, miért – de törődsz velem...

Nem vágyom másra, csak újjászületni benned,
A boldogságunkat már százszor elképzeltem,
S mindannyiszor gyönyörű volt, kedvesem...
Isteni csoda lenne veled együtt az élet.

Szívemben 13 éve feledett dallamok suttognak,
Nem hittem, hogy esélye lesz egy szebb holnapnak,
De általad jobb emberré lettem, pedig nagyon félek,
Hogy szerelmed nem gyógyít, csak újra megsebez.

Bennem lüktet a fájdalom, miattad vagyok újra magányos.
Fülemben visszhangzik drága mosolyod varázsa.
S magával ránt az örvény, megszűnik a világ,
Ha hangod zenéje, mint szirén-ének, megbabonáz.

Budapest, 2019. március 9.

97

KEZEDBEN A SZÍVEM

Ott van a kezedben a szívem,
Gyakran simogatod, néha megszorítod,
S van, hogy zsebre teszed s ott felejted.

Ott van a kezedben a szívem,
Gyakran megöleled, sokszor bátorítod,
Néha leesik, s a porból emeled újra fel...

Ott van a kezedben a szívem,
Sokszor becézed, de néha darabokra
Téped, s összerakod, hogy újra szeressen.

Ott van a kezedben a szívem,
Gyakran dédelgeted, és szép álmokat
Dúdolsz neki, de néha csak bántod...

Ott van a kezedben a szívem,
Rab madár, mely kalitkában is szárnyal.
Már nincs választása, csak érted élhet.

Ott van a kezedben a szívem,
Néha összetöröd, csak dacból,
Mert az életem adnám érted...

Ott van a kezedben a szívem,
Uram s parancsolóm te vagy,
S én nem tartozom, csak engedelmességgel.

Ott van a kezedben a szívem,
Gyakran felvidítod, megdobban a mosolyodra,
Senki másra nincsen szükségem.

Ott van a kezedben a szívem,
Hatalmadban áll ledobni a Pokolba,
De visszahozod, mert neked született.

Ott van a kezedben a szívem,
Azt csinálsz vele, amit csak akarsz.
Nem kérem vissza, már örökre a tiéd.

Budapest, 2019. március 4.

MOSOLYOD

Olyan jó, mikor bársony hangod segít feledtetni a mát.
Aznapra eltűnik minden keserűség és átkozott hiba.
És én nem hallom meg a szavak őrült hangzavarában
Csak azt, amit te mosolyogva mondasz.

Olyan jó, mikor mindent félretéve megnevettetsz...
S amikor te is nevetsz, a szívembe gurul csillogó gyöngye,
S kagylóként magamba zárom a pillanat lopott örömét.
Amit mosolyogva mondtál, fülemben remeg...

Olyan jó, mikor bátorítasz, nem is tudod, mekkora erőt adsz.
Érzem, hogy hegyeket döntenék, pedig elég kihívás a holnap.
Mert nincs szükségem rád, a célomtól csak visszatartasz,
Mert jó hallani, mit mosolyogva mondasz.

Olyan jó, hogy mikor hívsz, ajkam mosolyra görbül,
Nem számít, hogy szemeimben előtte csak könny ült.
Pedig nélküled már egy járatlan úton kopognának lépteim,
De mit mosolyogva mondtál, nem feledhetem.

Olyan jó lenne, ha kiszínezhetnéd a legszebb szürke álmot,
Mit kétségbeesett, szerelmes szívem álmodni mert magának.
De sosem adhatod meg, amire mindennél jobban vágyom,
Hiába dorombol mosoly az ajkadon...

Olyan jó lenne, ha örökre két karodba zárnál, nem félnék többé,
S elhinném, hogy az élet mégiscsak lehet még szép,
De végignézve a kegyetlen-rideg valóságon,
Hiába hallom már a mosolyod...

Olyan jó lenne, ha elhihetném, hogy te vagy a lelki társam,
Kit az élet messze sodort, de most végre rátaláltam...
De hiába minden, mert már máshoz tartozol,
Hiába ejtett örökre rabul ez a mosoly.

Olyan jó lenne, ha kitéphetnélek végre a szívemből,
Mert minden nappal csak reménytelenebb, s ez megöl...
Elvesztem, tudom, végleg, már nincsen menekvés,
Ha mosolyod fülembe csendül.

Olyan jó, hogy megismertelek, bár jobb lett volna talán,
Ha ez a kegyetlen sors sohasem sodor utamba.
De most már tudom, hogy ha nem várod, akkor talál rád
A szerelem egy édes mosolyban.

Olyan jó, hogy bármikor felhívhatlak, te mindig örülsz nekem,
De meg kell tanulnom evezni egyedül a viharos tengeren,
Mert hiába vágyom rád egyre jobban és jobban,
Mosolyod rám már nem sokáig talál.

Olyan jó, hogy vagy, s hogy olykor szívedet kitártad,
Mert tisztább és értékesebb ember lettem általad.
Angyal-lelked jobbá varázsolt, mert szívemet átjárta,
Átformálta a mosolyod...

Olyan jó, hogy megcsillan kék pillantásod a szememben...
Nem merek belegondolni, hogy mi lesz velem nélküled,
Hogy hiába sír majd utánad a lelkem, te nem válaszolsz,
És drága nevetésed többé nem hallhatom...

Budapest, 2019. február 26.

TAVASZ

Kietlen sötétségben találtál rám,
S megérezted, mire vágyom.
Elhoztad hozzám a tavaszt.

Szíved mosolya új életet adott,
S egyetlen nevetésed feltámasztott,
Visszahoztad életembe a fényt.

Szárnyad felmelegítette lelkem,
De itt az ideje továbblépnem,
Mert visszaadtad a reményt.

Elhoztad szívembe a tavaszt,
De tudom, sosem leszel vigasz
A be nem hegedő sebekre.

Elhoztad szívembe a fényt,
De sosem adsz választ. Miért?
Rám már új élet hajnala virrad.

Elhoztad szívembe a reményt,
Pedig sosem adhatsz megértést,
Hiába szeretsz titokban, gyáván.

Elhoztad szívembe a fényt,
De csak lopott perceket kérsz,
Sosem fogsz engem választani.

Elhoztad szívembe a tavaszt,
Pedig ajkad ajkamra nem tapad.
Már nem fáj, hogy messze vagy.

Képes vagyok elengedni téged,
Bár lelkem reméli, csak téved,
Mégiscsak te adtad vissza a fényt.

Már nem bánkódom, hogy vége,
Hiszen talán eleje sem volt sosem,
De elhoztad újra a reményt.

Angyal-lelked támasztott új életre,
S visszaadtad rég elvesztett hitemet...
Újra csicsereg a tavasz bennem.

Budapest, 2019. február 18.

SZÜNET NÉLKÜL

Szünet nélkül íródik szívemben rólad a vers,
Így küzdök nap mint nap az észérvek ellen.
Hinnem kell, hogy nem hiába szerettem beléd,
Bár minden rideg igazság ellentmond ennek.

Szünet nélkül íródik szívemben hozzád a vers,
Talán hallod is, érted is, de el mégsem hiszed...
Ledöntöttük a falakat, átléptük a határokat,
Valami mégis visszahúz, olyan messze vagy.

Szünet nélkül íródik szívemben érted a vers,
Angyal-lelkedről, drága mosolyodról énekelek,
Azt akarom, hogy mindig ilyen igaz maradj,
S hogy soha ne múljon el bennem az a pillanat.

Szünet nélkül íródik szívemben hozzád a vers,
Máshol, máshogyan élnék már nélküled.
De hiszem, hogy megéri, hogy kitartok, míg lehet,
Mert nélküled fájdalmas, magányos lesz az élet.

Szünet nélkül íródik szívemben rólad a vers,
Még saját magam előtt is mindig megvédelek.
Még mindig nem hihetem, hogy te is érzed ezt.
Vajon Isten vagy az ördög büntetése ez?

Szünet nélkül íródik érted s értem a vers...

Budapest, 2019. február 17.

LEGSZEBB

Te vagy az elmúlt 13 év legszebb tévedése...
S bár ajkad ajkamra csókot sohasem lehel,
Hatalmadban áll letaszítani a pokol mélyére,
Hogy onnan a Mennyekbe emelhess fel...

Te vagy lelkemnek legszebb álma,
Pedig úgy hittem, hogy megálmodtam már
A legszebb valóságot, mit kívánni lehet,
De az összetört, s általad egy új született...

Te vagy bennem az elveszett remény,
Hajótörött a könnyek fekete tengerén,
Ki hosszú évek után végre partot lát...
Csillogó szemed távoli kék mosolyát.

Te vagy bennem az erő, mi tovább vezet,
Hogy utat találtam, neked is köszönhetem.
Eddig voltál velem, a rosszat elüldözted.
De többé már soha nem segíthetsz.

S te vagy az elmúlt 13 év legszebb csalódása,
Hiszem, hogy szíved angyalok alkotása,
Porrá zúzott boldogságom örök árulása.
Ajándék, hogy ismerlek, bár minden hiába...

Budapest, 2019. január 25.

SZILVESZTER ÉJJEL

Ma éjjel is csak a hangod vágyom hallani,
Hogy játssz egy csodát a szívem húrjain.
Ma éjjel is csak a mosolyod vágyom látni,
Hogy a jövőre kelve is legyen miért élni.

Ma éjjel is a tekintetedben vágyom fürödni,
Hogy érezzem az évtizedes jeget olvadni.
Ma éjjel is a közelségedre vágyom, az illatodra,
Mert minden nap megsebez a hiányod.

Ma éjjel is az érintésedre vágyom, kedves,
Pedig talán nem élném túl, megölnél vele...
Ma éjjel is a csókod tüzében vágyom meghalni...

És ma éjjel is az ölelésedben vágyom feltámadni,
Egyre nehezebb megállni, hogy ne kereselek.
Ma éjjel is, s talán már örökké, tudd, hogy szeretlek.

Budapest, 2018. december 31.

TE VAGY A TŰZ

Te vagy bennem a tűz,
Amikor a múlt fájdalma űz,
A jövőhöz te adsz hitet,
Semmi el nem rettent.

A tűz te vagy bennem,
Hogy mikor minden ellenem,
Maradék erőmmel küzdök,
S a mosolyod ad erőt...

A tűz bennem te vagy,
Bár éget néha lángod,
Többször adsz meleget,
Nélküled nem élhetek.

Te vagy bennem a tűz,
Bár minden érzés bűn,
Már sohasem feledhetlek.
Kár titkolni, hogy szeretlek.

A tűz te vagy bennem,
Azt akarom, hogy égess,
Hogy új életet adj...
Bárcsak lehetnél vigasz.

Bennem a tűz te vagy,
Minden harc hiába,
Ellened nincsen esélyem.
Elhamvadok a szemedben.

Megégni vágyom minden nap,
De csak néha ölel az édes hang...
Mondd, akkor majd mit tegyek,
Ha elalszik a tűz bennem?

Budapest, 2018. december 25.

GYAKRAN ELKÉPZELEM

Gyakran képzelem, hogy te is szeretsz,
Elképzelem, milyenek a hétköznapok veled,
Amikor egy hosszú nap után csak az kell,
Hogy feledve mindent, forrón átölelj.

Gyakran elképzelem, hogy te is szeretsz,
Elképzelem, milyenek az ünnepek veled,
Amikor beteríti a szívemet a szerelem,
És végre érzem, hogy én is hazaértem.

Gyakran elképzelem, hogy te is szeretsz,
Elképzelem, milyenek a hétköznapok veled,
Amikor kis semmiségeken összekapunk,
S ilyen estéken még édesebb békülő csókunk.

Gyakran elképzelem, hogy te is szeretsz,
Elképzelem, milyenek az ünnepek veled,
Elfújni azt a gyertyát, vagy díszíteni azt a fát,
Tudni, hogy megtaláltuk mégis a csodát.

Gyakran elképzelem, hogy te is szeretsz,
Elképzelem, milyenek a hétköznapok veled,
Amikor fáradtan hazaesel, s vacsorával várlak,
S mégis egyetlen mosolyod ad újra szárnyat.

Gyakran elképzelem, hogy te is szeretsz,
Elképzelem, milyenek az ünnepek veled,
Hogy a könny meghitt fényében annak látlak,
Aki után egész eddigi életemben kutattam.

Gyakran elképzelem, hogy te is szeretsz,
Elképzelem, milyenek a hétköznapok veled,
Hogy amikor már minden remény elveszett,
Egyetlen érintésed ad újabb és újabb hitet.

Gyakran elképzelem, hogy te is szeretsz,
Elképzelem, milyenek az ünnepek veled,
Hogy elfogadsz olyannak, amilyen vagyok,
S hogy megváltozzak, sosem akarod.

Gyakran elképzelem, hogy te is szeretsz,
Elképzelem, milyenek a hétköznapok veled,
Hiszem, hogy a pokolból is vissza tudnál hozni,
És én szeretnék örökké hozzád tartozni.

Gyakran elképzelem, de elhinni nem merem,
Az igazság az, hogy nagyon fájna, ha szeretnél,
Mert soha nem lehetnénk együtt, s azt hiszem,
Ha tudnám, abba talán bele is pusztulnék...

Budapest, 2018. szeptember 30.

A SZIVÁRVÁNY ALATT

Már soha többé nem küzdök ellened,
megadom magam, sokkal könnyebb.
Mától átadom magam annak, amit érzek,
és vállalom a következményeket.
A hangod a legnagyobb káoszban is az életbe lök át,
s ha mosolyod hallom,
A legnagyobb viharban, villámok közt,
a szívemben örök szivárvány ragyog,

Mely hét színbe festi éjsötét lelkem, erőt ad,
hogy küzdjek árral szemben,
S már nem számít, hogy a harcban elveszek,
mert te akkor is velem vagy...
A szívemben élsz, és nevetésed talán
halálcmig a fülemben visszhangzik,
Hogy reggelente, bármi bánat ér,
miattad legyen erőm újra és újra felkelni.

A zivatarban szám örök vigyorra görbül,
ha eszembe jut egy cinkos szavad,
Mert rád találtam, bár nem lett volna szabad,
de a szivárvány alatt
Kincsként a lelkedet találtam, és bár azt nem tudom,
meddig tarthat,

De amíg lehet, kiélvezem, hogy örömmel fogadod,
ha hívlak, és azt érzem,
Hogy te sem akarod a búcsúzást.
Szürke egemet észrevétlen éjkékre cserélted.
Minden perc, amit nekem adsz, hihetetlen erőt ad ahhoz,
hogy az életet reméljem.

Azt hiszem, megállíthatatlan lennék, ha szeretnél.
Így csak embernek látszom.

Budapest, 2018. szeptember 4.

ROSSZ SZÍV

A szívem nem hallgat az eszemre, mit tegyek?!
Nem képes látni az ujjadon a karikagyűrűt, téged akar.
Minden percben üvölti a hiányodat, s egyre nehezebb
Megfékezni, fetreng, őrjöng, s a nevedet sikoltja.

A szívem nem hallgat az eszemre, mit tegyek?
Mert ma hallotta a hangodon a fáradtság fátyolát,
S gyógyírként a sebeidre felajánlanám a lelkemet.
S cserébe nem kérnék mást, csak a mosolyodat.

A szívem nem hallgat az eszemre, mit tegyek?
Minden percben üvölt, hogy a nevetésed akarja hallani,
S már nem vagyok képes józanul reagálni semmire,
Mert a felperzselt ördög már az indokokat találgatja.

A szívem nem hallgat az eszemre, mit tegyek?
Betöltötted bennem az űrt, s elűzted mellőlem a magányt.
Szükségem lenne a mosolyodra az ajkamon, az ölelésedre,
Mert a testem sajog utánad, az érintésedre vágyik.

Hogy tudnálak kitépni a szívemből, mit tegyek?
Beleőrülök már, hogy minden gondolatom a tiéd.
Nem akarom többé hallani a szavaidat, mégis vonz
A boldogság, amit adhatnál. De az már nem te lennél.

Hogy tudnálak kitépni a szívemből, mit tegyek?
Zakatol bennem az őrült vágy, önző akarok lenni,
Elolvadni a Mennyben, még ha a pokolra is zuhannék utána.
Csak egyvalami tart vissza, hogy téged is magammal húználak.

Hogy tudnálak kitépni a szívemből, mit tegyek?
Próbálom elképzelni, mi lehetne belőlem melletted.
Nem vagyok képes. Úgy szeretlek téged, kedves,
Ahogyan azt hittem, az életben csak egyszer lehet.

Hogy tudnálak kitépni a szívemből, mit tegyek?
Minden éjjel veled álmodom, nincs menekvés belőled.
Igyekszem nem elhinni, hogy te is érzel valamit irántam.
De félek, hogy csak önmagamat ámítom, hogy könnyebb legyen.

Nem is akarom, hogy a szívem hallgasson az eszemre,
Sőt, azt akarom, hogy a szívem bátor legyen, s képes legyek
Elmondani, hogy mit érzek. Talán ha a szemembe mondanád,
Hogy elment az eszem, képes lennék továbblépni...

Boldoggá akarlak tenni, mert szükségem van az erődre,
Hogy egyetlen szavaddal s a mosolyoddal elfeledtesd a rosszat.
S ha a te erőd fogyna el, addig ölelnélek,
Amíg új életre támadva egymásba olvadnánk a szerelemben...

Budapest, 2018. augusztus 24.

EGY MEG NEM ÍRT LEVÉL

Egyedül te vagy képes összerakni a lelkem,
ha a mindennapok harcaiban szétesik.
Mert van értelme tovább dolgozni,
ha meghallom a mosolyod.
Egyetlen kedves szavaddal kitörlöd az
összes borzalmas dolgot, ami történik,
És azon kapom magam,
hogy hazaérve is csak rád gondolok.

Pedig nem is ismerlek, csak hamis énedet mutatod felém,
csak néha engeded,
Hogy az álarcod mögé lássak, de nem érthetem,
amit mutatsz.
A humoroddal egy perc alatt kiakasztasz,
de utólag, hidd el, én is mindig nevetek,
Bár lehet, hogy csak kínomban,
de még ezzel is csak erőt adsz.

Ha hibázol, bevallod,
próbálsz mindig becsületes maradni, de következetes.
Ritka az ilyen férfi,
az ilyen partner a mai világban.
Pedig néha már azzal bántasz,
ahogy gúnyosan kimondod a nevemet,
De tőled még ezt mosolyogva fogadom.

Nehéz kiismerni, néha nagyon kedves vagy,
néha úgy beszélsz,
Mintha kényszerűségből fogadnád a hívásomat.
Bár valóra sosem válhat,
tudom, de könnyű lenne szeretnem téged,
Már most is többet jelentesz, mint szabad volna.

Néha jó lenne rád zúdítanom mindazt,
amit gondolok, szégyenkezés nélkül,
Hogy nagyon hálás vagyok,
s hogy nagyon haragszom.
De anélkül, hogy ne tudnád meg, mit érzek,
valószínűleg nem sikerülne,
Így bármi történik is, úgy döntöttem, hogy hallgatok.

Ha a szemedbe nézek, elveszek,
és bár minden nap vágyom erre,
Visszatart, hogy már jó öt évet késtem vele.
Néha hétvégén is várom, hogy hívj,
mintha lenne rá bármi esély...
Ebben még én sem hiszek.

A baj, hogy ennek ellenére keresem az alkalmat,
hogy hívhassalak téged,
Mert néha szükségem van rá, hogy beszélj hozzám,
Mindegy, hogy mit, csak, hogy megnevettesselek,
hogy megnevettess,
És elfelejtsük, hogy milyen sivár a világ.

Bevallhatom, hogy néha nem is figyelek arra,
amit mondasz, csak a hangodra,
Mely a szívemet éleszti újjá, s a jeget leolvasztja.
Ne haragudj ezért. Talán ez a büntetésem
a múltban elkövetett bűnökért.
Azért, mert azóta sem bántam meg, amit tettem.

Azt hiszem, hogy ennél már csak az lenne rosszabb,
ha te is így éreznél.
Pont elég, hogy engem kínoz ez az érzés.
Fogalmam sincs, mi ez, de sosem lehet belőle semmi,
te már másé lettél.
Talán az lenne a jó, ha sosem beszélnénk többé...

Budapest, 2018. július 21.

ELSŐ SZERELEM

MA CSAK TE

Ma csak te jársz a fejemben, bármit teszek,
Pedig azt hazudtam, már örökre elfeledtelek.
Jó lenne tudni, mit gondolnál rólam ma, most,
Tudnál szeretni, ahogy akkor a várnál, a padon?

Ma csak te jársz a fejemben, bármit mondok,
Próbálom uralni, de alig jutnak el hozzám a hangok,
Mert csak a te szavaid hallom, ahogy ott elbúcsúztál,
Azt mondtad, nincsen semmi, amit nekem adhatnál.

Ma csak te jársz a fejemben, bármit tennék,
Csak ma elhiszem, válaszolnál, ha neked üzennék.
Pedig egy emlék vagy, aki visszaadta és elvette a hitet,
De neked köszönhetem, hogy ismerem a szerelmet.

Ma csak te jársz a fejemben, bármit mondanék,
Égkék mosolyoddal nagyon sokszor álmodom még,
Hiányzik a kezed... ahogy simogatott, ahogy ölelt,
Ajkaid íze, ahogy egy szebb élet örömébe lehelt...

Ma csak te jársz a fejemben, hát csak engedem,
Mert hiába hazudtam, sohasem feledhetlek el,
De talán jobb, hogy nem tudom, mit gondolsz,
Mert így azt hiszem, te is úgy szeretsz, mint akkor...

Budapest, 2021. június 27.

KÖSZÖNTŐ HELYETT

Valóban létezel, vagy csak álmodtalak?
Nem lehetett valóság, ami lelkem tépte szét,
És a seb, mely sajog, vérzik, amíg csak élek...
Ha létezel, kívánok nagyon boldog születésnapot.

Valóban létezel, vagy csak álmodtalak?
13 év átzokogott éjszakája nem volt elég,
Büntetésem az, hogy mindhalálig emlékezem.
Ha létezel, kívánok nagyon boldog születésnapot.

Valóban létezel, vagy csak álmodtalak?
Néha látom még kék szemedet a szememben,
De elhomályosítja a soha meg nem valósult jelen...
Ha létezel, kívánok nagyon boldog születésnapot.

Valóban létezel, vagy csak álmodtalak?
Még érzem az ajkaimon a csókjaid mézét,
S eltitkolt perceknek átkozott-édes szerelmét...
Ha létezel, kívánok nagyon boldog születésnapot.

Valóban létezel, vagy csak álmodtalak?
Hiába élek már oly sok éve távol tőled,
Te bennem élsz, talán sosem menekülhetek.
Ha létezel, kívánok nagyon boldog születésnapot.

Valóban létezel, vagy csak álmodtalak?
Mert az a legszebb álom, mely sosem valósul meg.
Ezt te mondtad sok éve, de csak nemrég értettem meg...
Ha létezel, kívánok nagyon boldog születésnapot.

Valóban létezel, vagy csak álmodtalak?
Köszönöm, hogy megmutattad a szerelmet,
S hogy kevesebb már nem kell, a te érdemed...
Ha létezel, kívánok nagyon boldog születésnapot.

Valóban létezel, vagy csak álmodtalak?
Azt akartad, hogy utánad hozzám méltót szeressek.
Akartam, hogy tudd, megtaláltam, de elvesztettem.
Ha létezel, kívánok nagyon boldog születésnapot.

Valóban létezel, vagy csak álmodtalak?
Néha csak belőled nyerek erőt az élethez.
Azt mondják, az igaz szerelem nem hal meg sosem.
Ha létezel, kívánok nagyon boldog születésnapot.

Budapest, 2019. április 6.

GYÖNGYSOR(S)

Széttép
A fájdalom
Minden éjjel
Húsomba markol
Nem enged szabadon
Míg könnyem ömlik
Zafír szememből
Szökik álmom
Belülről éget
Elfojtom
A haragom
S megvetésem
Magamban tartom
Nem kell tudja a világ
Hogy nyerésre ő áll
De még harcolok
Ma is remélem
Én győzhetek
Csak a falak
Értik bánatom
Érzik magányom
Siratják mosolyom
S végtelen közönyöm
Mert nálam az öröm
Oly' ritka vendég
És én talán már
Nem is várom

Gondok hada
Taszít a sarokba
Senki nem ölelne át
Vállamat súly nyomja
Nincsen ki mellém ülne
De én mégis felállok
Valaki számít rám
Így hát indulok
Nem sírhatok
Elmondani
Kellene talán
Nincs már kinek
Csak te értettél meg
De a kagylóhéja csukva
Igazgyöngy-lelkednek
Zárja feltörhetetlen
Nyitni te tudod
Nem akarod

Budapest, 2009. május 30.

VOLT EGYSZER

(Vita helyett)

Volt egy pillanat,
Mikor mindent feledve
Boldog voltam,
Mert ő itt volt végre velem.

Volt egy ölelés,
Amelyben rátaláltam,
És Istent kértem,
Engedje, maradhasson nálam.

Volt egy csók,
Melyben újjászülettem,
Minden földi jó
Dobogott remegő szívemben.

Volt egy érintés,
Elmenekült a múlt lidérce,
Nem volt kérdés,
Tudtam, nagyon rég őt keresem.

Volt egy mosoly,
Mellyel értelmet nyert létem,
Hittem, nincs okom,
Hogy benne valaha is kétkedjem.

Volt egy szempár,
Melyért a halállal harcolnék,
Bár talán örökké fáj,
Hogy győznöm nem lenne miért.

***

Volt. Elvesztettelek, elvesztettél.
Nekem sincs szükségem rád,
Bennem végtelen fájdalom ég.
Mondd, hogy élhetek így tovább?

Nem hittem, hogy eljön majd a perc,
Mikor nem látom lelked mosolyát,
S ha hozzám szólsz, nem nézel rám.
Édes álmaimért még meddig büntetsz?

Te voltál nekem az egyetlen kincs,
Melyre olyan nehezen leltem rá,
S lépésenként megfizettem az árat.
Üres lett újra szívem. Semmim nincs.

Budapest, 2009. május 23.

GITÁR

Több éve
Kezemben
Nem dalolt
Már gitár
De
Bennem
Lüktet
A lelke
Minden
Éjjelen
Ma is sír
Téged hív
Bánatos dalom
Széttépett húrokon
Zendül bennem a ritmus
Egyre erősebbé lesz a virtus
Akkorddá alakul a fájdalmam
Az utánad maradt űr hatalmas
Szétfeszíti szívemet harag düh
Mert itt hagytál engem egyedül
Hiányod a lelkemen hagy sebet
Hiába volt a bűvös igézet
Ámor megleckéztetett
Hogy megérthessem
Ingyen nincs szerelem
Nagy ára van nem éri meg
Pengetőmön vérem folyik már
De énekem most is tefeléd száll
A szívem meghalt ma egy kicsit
Mert a szenvedélyed nem hevít
Könnycseppé lett a szép ígéret
A sója mosolyod nevetésed
Kimarja ál-arcom fényét
Talán sosem feledlek
Mert szeretlek

Budapest, 2008. november 22.

MESE

„A sors kegyetlen zsarnokunk,
Haragja akkor sújt le mindig,
Amikor boldogok vagyunk."
(Ady Endre: Mesét mondok)

Volt egyszer egy lány,
Akit a sors egész életében csak bántott.
Sok bánatot mért rá.

Volt egyszer egy férfi,
Aki beleszeretett a lányba, első látásra,
Türelmesen várta évekig.

A régi fájdalmak ellenszerét
Megtalálták végül egymás szemében.
Nem hiába telt el sok év.

A lány úgy érezte, azért
Született, hogy a férfit boldoggá tegye,
S érdektelenné enyészett,

Mi életéhez addig tartozott.
Elhitte, hogy mégis létezik még csoda.
Senkivel sem cserélt volna.

Egy lapra tette fel a szépet,
Elhitte, együtt minden bűnt legyőznek.
Egy gyűrű volt a pecsét,

És egy ígéret, ami a múltat
Mindörökre elfedte. Látta végre a kiutat.
Nem érezte, hogy hazugság.

Aztán egy délelőtt meghalt
Minden, ami hosszú ideje életet adott,
Csak a remény állt némán.

Elvesztette hát mindenét,
Véget akart vetni a kínzó szenvedésnek,
De nem volt hozzá ereje.

Édes szerelmük ravatalánál
Szívből zokogott órákig a fájó önvád.
A helyét sokáig nem találta.

Két hosszú évbe fojtotta
Az elvesztett szerelem minden kínját.
Végül ő nyerte a csatát.

Többé nem bánkódik,
Hogy örökre elveszett, már nem hiszi.
A szeme újra fénylik.

Lehetetlennek tűnik, drága,
Hogy te voltál az a férfi, s én az a lány.
Vajon gondolsz néha rám?

Budapest, 2008. augusztus 18.

FÜREDEN

Újra sétáltam a pataknál Füreden.
Az erdei úton emlékek sétáltak mellettem.
Egy lány jött velem, kinek ragyogott a szeme,
És boldog szívvel nézett minden új nap elébe,
Mert könnyes mosolyára mosolyoddal feleltél.
Láttam csókokat, öleléseket, ellopott perceket,
És éreztem, lelkemet fájó könnyek öntik el.
Ajkam azonban nevetésre görbült mégis.
Te voltál, akitől szeretni megtanultam,
Kinek ajkáról az igaz szerelmet ittam.
Mégis eltévedtem az ösvényen, mely
Hozzád visz, egyetlen szerelmem.
Önáltatás volt kezdettől álmunk,
De mi, kedves, mégis álmodtuk,
Nem törődve a bűnös világgal.
Én már nem várlak téged, drága,
Csak gondolok rád minden nap.
Bennem élsz örökké tovább.
Hiába már minden, elfeledni
Nem tudlak. Te voltál, kire
Mindig vártam, kitől örök
Boldogságot kaphattam.
És bár nem vagy velem,
Csakis téged szeretlek.
És még a múltból kapok
Életet új holnapokhoz.
Próbálom elfeledni
A bánatot, s kezdeni
Valakivel új életet.

Szép lassan a sebek
Is begyógyulnak,
És a vaksötétben
Újabb fények
Gyúlnak, már
Ég egy kék
Szempár
Lángja.
Mégis,
Úgy fáj,
Hogy
Ahelyett
A boldog
Lány
Helyett
Csupán én
Emlékezem
Füreden.

Lillafüred, 2008. augusztus 11.

BÚCSÚAJÁNDÉK

Utoljára nekem adtad a gyönyör csodáját,
Mit álmodni sem mertem, mégis megtetted,
Minden észérv ellenére követted szívedet.
Miénk a szerelem fájdalmas búcsúajándéka.

Aznap láttuk egymást utoljára, tudom, drága.
Mint a villamosszékben ülő fél-élő elítéltnek,
A kívánságom teljesült. De nem haltam meg.
Eddig csukott szemmel jártam. Nem akartam

Észrevenni a mellettem halkan ballagó varázst,
Szép szemek kíváncsi, pajkos, átható mosolyát,
Csak őriztem a legszebb álom elhamvadt porát.

Ma feltakarítom összetört álmunk romhalmazát,
És megépítem belőle új életem erős sziklavárát.
Ott talán meglelem vergődő lelkem azúr vigaszát.

Budapest, 2008. augusztus 6.

TE VAGY (ÁTIRAT)

Szeretlek,
Ahogyan még
Sosem szerettem,
Úgy szeretlek téged,
Ahogyan én többé már
Nem szerethetek senkit.
És még úgy szeretlek,
Ahogy az életben
Csak egyszer
Lehet.

Te vagy
Az a minden,
Akire vágytam
Fél életem során;
Vagy az éltető harmat
Régen kiégett szívemen.
Te vagy a szivárvány;
Sötét viharok után
A napsütés.

Te vagy
A gyógyír,
Éltető balzsama
Sebes lelkemnek.
A te szíved csillag,
Mely utat mutat,
Merre menjek,
Hol jársz.

Te vagy,
Kinek szemétől
A bánat félve elillan,
És minden egyes perc
Máris szeretni hívna.
A földön nincs más,
Ki ily' hitet ad.

Te vagy,
Ki angyalként
Mennybe juttatsz.
Az életünk a tét,
És nem tudjuk,
Mi az ára.

Mégis
Szeretlek,
Ahogy szeretni
Az életben
Egyszer
Lehet.

Budapest, 2008. augusztus 1.

MOSOLYGOK

Mosolygok, mikor néha öntudatlan
Utánozom kezed mozdulatát,
Mert ez még megmaradt.

Mosolygok, mikor néha grimaszaid
Felfedezem egy másik arcon,
Mert nem feledem soha.

Mosolygok, ha egy illat becsapja orrom,
És a te illatodnak gondolom,
Mert agyam raktározta.

Mosolygok, mikor a te szavaid hallom
Egy félig ismeretlen ajakról,
És ez talán így van jól.

Mosolygok, mert adtál nekem valamit,
Amit sosem vehet el senki,
A boldogság emlékeit.

És mosolygok, mert ismerem a csodát,
Mert szerettél engem, drága.
Velem vagy minden nap.

Budapest, 2008. július 30.

ÁLOMFÜGGÖNY

Az éjjelt késként hasítja szét a hajnal...
A gonosz Nap elűzi a szelíd Hold fényét,
S az elképzelt otthon csendes melegét.
A tőr szúr, és az álomfüggöny szétszakad.
A nappal ólomlábakon jár, néha megáll.
Az egész életem kutatás, hátha meglellek,
De csak idegen szemek keresik a fényt.
Hazatérve magába zár a tomboló magány.
Teszem a dolgom, de a szívem téged hív.
Nem hallhatod, hisz' messze sodort az élet.
A szürke világban néha elviselhetetlen e kín.
Az éjjel felépíti újra a titkok édes szigetét,
S összevarrja a szerelem arany függönyét.
Itt vagy... Bárcsak ne ébrednék fel többé!

Budapest, 2008. július 11.

FÉLEMBER

Tudom, félember vagyok nélküle.
Mégis mosolyogva állok a szélben.
Vannak, kik szegényebbek nálam,
Kiket az álmok sem vigasztalhatnak.
Szerencsés vagyok, lehettem boldog.

Tudom, félember vagyok nélküle.
Ő volt a lelkem elrabolt másik fele,
Kit az élet viharában meglelhettem.
De nem maradhatott örökké velem.
Vigaszom lelem mégis szerelmében.

Tudom, félember vagyok nélküle.
De tovább éltetnek fakult emlékek.
Bármi lesz, kincseim nem vehetik el.
Ha elmegy, míg élek, én emlékezem.
Szívemben tovább lüktet majd a szíve.

Tudom, félember vagyok nélküle.
Úgy sosem lesz, ahogy szeretnénk.
És tudni kell elengedni azt, ki fontos.
Hét lakat alatt őrzöm édes mosolyát.
Halálomig álmodom a legszebb álmot...

Budapest, 2008. július 9.

RÁD GONDOLOK

„... Sötétedik. Rád gondolok.
És mindegy már, hogy tudsz-e róla."
(Vas István)

Mikor a zápor után feltűnik a szivárvány,
A színek pompája mögül szemed néz rám.
Mikor a Holdat hajnalban felváltja a Nap,
A félhomályban és mindig téged látlak.

Mikor a régi parkban madarak csicseregnek,
Szerelmes szavaid fülembe visszacsengnek.
Mikor éjjel a szelíd csillagfény szobámba száll,
Te eljössz hozzám a legszebb álom szárnyán.

Mikor a rideg telet felváltja a virágos tavasz,
Néha elhiszem, a szerelem szavára hallgatsz.
Mikor a naptár neved napját mutatja, kedves,
Én akkor is rád gondolok. Szívemben őrizlek...

Budapest, 2008. június 26.

VÁRLAK

Várlak téged. Mert várni tartozom.
Cserébe minden fájdalomért, mit okozok.
Jobb volt hinni, hogy én vezeklek
Csupán, de te ugyanúgy éled az életed,

Nem törődve azzal, ami régen volt.
De a szakítás benned is nyomot hagyott.
Jobb volt hinni, hogy nem szeretsz,
Hogy csak én kergetek egy álomképet.

Jobb volt hinni, hogy nem hiányzom,
Hogy nélküled egyedül csak én fázom.
Jobb volt hinni, hogy nem vágysz rám,
Hogy nem gondolsz rám minden éjszakán.

Jobb volt hinni, hogy ajkad nem érint
Soha többé, s kezed nem fogja két kezem.
Jobb volt hinni, hogy nem látlak többé.
Látod, még most sem tudok magamhoz térni.

Mintha álomvilágban élnék. Szédülök,
És úgy érzem, nincs menekvés, megőrülök.
A saját árnyékomként élek tovább...
Többé már nem akarom érezni a csodát.

Nem tudnálak már elengedni, drága...
Hogy ne gondolnék rád, nem múlik el nap.
Várlak téged. Mert várni tartozom.
Cserébe minden fájdalomért, mit okozok.

Budapest, 2008. április 29.

EGY SZEBB VILÁG

Az a másik, aki szeretett, nincs többé...
Én nem is ismerlek. Vajon ki vagy te?!
Csak az álmaimban élsz, nem léteztél
Sohasem. És most egyszerre kitéptelek

Magamból... Újraéledtek a régi álmok,
És nekec hely bennük nem adatott...
Szívem bár néha súgja még: „Hazugság
Volt, mit ajkai szóltak!" De hiába már.

Megölted bennem a szerelmet és a vágy
Nem találhat rám. Elveszett a boldogság
Számodra is. Te döntöttél így, drágám...
Pedig csak pár lépésre volt egy szebb világ.

Budapest, 2007. november 13.

A RÉGI PARK

Hívott a múlt, a régi ösvény s a régi park.
Körülöttem szerelmespárok csókolóztak,
S egy pillanatra elhittem, hogy te is
Jössz újra felém. S felbátorodva hívni
Akartalak, hogy kimondjam végre,
Mennyire fájsz, de a régi szám nem felelt.

S ekkor döbbentem rá, hogy minden,
Mit szeretnék, s kérnék, hogy tedd meg,
Bűn, mocsok és gyengeség. Hová tűnt
A tiszta szerelem ártatlan fénye? Köd
És félhomály takar már mindent...
S te? Te csak éled tovább az életed.

Mintha csak rossz álom lett volna a múlt.
Kicsinyes a fájdalmam. Hisz' máshol háború,
Dögvész, zavargás tombol, s én mindvégig
Csak utánad kesergek. Ennek vége, kicsim...
Elvetted a boldogságot. Sikerült, te győztél.
Én úgy teszek, mintha mégis boldog lennék...

S hogy meddig bírom még? Annyira mindegy.
Téged nem érdekel. És engem sem. A lényeg,
Hogy ne tudd, hogy mennyire hiányzol nekem.
Kegyetlen-édes büntetés az ártatlan bűnökért.
És már többé azt sem hallhatom meg, drága,
Ha hív a múlt, a régi ösvény s a régi park...

Eger, 2006. április 6.

140

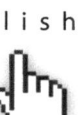

A szerző

Salgótarjánban született 1983-ban, tanulmányait
Salgótarjánban és Egerben végezte. 2007 óta
él Budapesten. Az irodalom iránti szeretete
gyerekkorában kezdődött, csaknem egyidőben a
versírásra való késztetéssel. Hobbija is az irodalom,
továbbá érdeklődik a művészetek iránt, szeret túrázni,
biciklizni és időt tölteni a barátokkal.

A kiadó

Aki feladja,
hogy jobbá váljon,
feladta,
hogy jobb legyen!

E mottó alapján a novum publishing kiadó célja az új kéziratok felkutatása, megjelentetése, és szerzőik hosszútávú segítése. Az 1997-ben alapított, többszörösen kitüntetett kiadó az egyik legjelentősebb, újdonsült szerzőkre specializálódott kiadónak számít többek között Ausztriában, Németországban és Svájcban.

Valamennyi új kézirat rövid időn belül egy ingyenes, kötelezettségek nélküli kiadói véleményezésen esik át.

További információkat a kiadóról és a könyvekről az alábbi oldalon talál:

www.novumpublishing.hu